銀行員が消える日

山田厚史
元朝日新聞編集委員

宝島社

銀行員が消える日

山田厚史

はじめに　「銀行員」を踏み台にする「銀行」

みずほフィナンシャルグループ（みずほFG）が全従業員の約4分の1にあたる1万9000人の人員を削減すると発表したのは2017年10月のことである。

その発表に先立って、三井住友銀行は4000人の業務量削減方針を打ち出し（17年5月）、また三菱UFJフィナンシャル・グループの平野信行社長は「2023年度までに9500人相当の労働量の削減を実現したい」と語った（17年9月）。メガバンクの大リストラ構想は、「銀行は完全に構造不況業種となった」とメディアに大きく報じられ、特にみずほの「1・9万人削減」という数字の衝撃は大きく、現役の行員たちを浮き足立たせることになった。

戦後長らく、日本の銀行は「3高」（高い安定性、高い収入、高いブランドイメージ）の職場として、不動の就職人気を誇っていた。勤め先を聞かれ「銀行です」と答えれば、決まって「いいお仕事ですね」と返され、銀行には自然と多くの優秀な人材が集まってきた。たとえ体力のない銀行でも決して経営破綻させないという、「護送船団方式」と呼ばれた大蔵省の金融行政が「安定と信頼」の根拠だった。

だが、バブル崩壊以降の20年間に起きた金融危機、業界再編、リーマン・ショック等により、銀行の不倒神話は完全に消え去った。かつては「いいお仕事ですね」と羨ましがられた銀行員が、90年代には「大変ですね」と同情されるようになった。そしていま、日本銀行のマイナス金利政策と「フィンテック」（金融＝ファイナンスと技術＝テクノロジーを掛け合わせた造語）と呼ばれる革新により、「銀行は残れど銀行員は不要」という時代が現実に到来している。

バブル時代以降、多くの銀行マンが自ら生き残るために顧客を食い物にした。

しかし、いまはっきりと見えてきたのは、銀行という組織が生き残るために「銀行員」を切り捨てようとしている構図である。

私は１９７８年に朝日新聞東京本社の経済部に配属されて以降、今日に至るまで、時折中断期間はあったものの、約40年間にわたり金融業界と金融行政、銀行員たちを取材してきた。本書は「銀行員」という職業を通じて見た、日本の戦後経済史と取材秘話である。

バンカーという仕事の魅力、企業としての銀行が果たす社会的意味の変遷。そして取材を通じて知った金融エリートたちの強さと弱さを、自分自身が発表してきた記事を振り返りながら1冊にまとめてみた。

1985年のプラザ合意以降、日本国内に出現したバブル時代。異常高騰する地価と株価に金融業界は踊らされ、業容拡大戦争が繰り広げられた。だが、いま思えばそれは銀行マンにとって最後となる「良き時代」だったかもしれない。

後に「バブル入行組」と呼ばれることになる、この時代の都銀の大量採用世代はいま50代の半ばにさしかかり、その多くは入行時に思い描いていた人生設計とはかなり違う道を歩んでいる。

もっとも、加速度的に変化のスピードが上がっている現代において、業界を取り巻く風景が30年前とまったく同じということはあり得ない。私が身を置いた新聞業界もいま、生き残りをかけた厳しい戦いを余儀なくされている。銀行員たちの苦悩や不安は、決して業界固有のものではなく、人口減少時代を生きる現代の日本人の多くに共通するものだろう。

世間では高収入のイメージが強い銀行マンの「生存競争」は熾烈だ。表向き平等に扱われるのは入行5年目くらいまでで、エリートコースに残る一握り以外は50歳までに本社から片道切符の「出向」という形で子会社や取引先に出され、「銀行」の名が付く名刺を剥奪されることになる。

銀行という組織において支店長以上に出世した者を「勝ち組」とするならば、昭和の時代まではまだ、3人に1人が勝って終わることができた。支店長にはなれなかったとしても、出向先の待遇がそれほど悪くなかったので離職率も極めて低いのが特徴だった。

だがいまは全員が支店長を目指していた時代と違う。「バブル入行組」は同期の人数こそ多いが、支店の数は統廃合で減る一方。50歳を過ぎても本社の経営幹部として働くことができるのはおそらく10人に1人以下だ。「半沢直樹」で有名な池井戸潤の人気小説『オレたちバブル入行組』にも描かれなかった悲哀がそこにはある。

90年代、不良債権処理が社会問題化した際には、多くの銀行員たちが自ら命を絶つ悲劇が起きた。旧来の価値観が新しい秩序に否定される過程で、システム崩壊の責任が個人に直接のしかかった結果だった。

新聞記者時代、お固い銀行員の取材には苦労させられたことが少なくなかった。個人的には親しくなっても、組織の一員である彼らの立場を守るためにはせっかくの特ダネも封印せざるを得ないことが多かった。

近年、銀行元幹部がバブル崩壊後の真実を回想する手記を出版し、話題を呼ぶケースがいくつか見られる。また、イトマン事件の主人公となった許永中も一部のメディアの取材に応じ「バブル時代」を初めて語っている。多くの関係者が鬼籍に入ったことで、ようやくあの激動の時代を回顧、検証できる機運が高まってきたと言えるのかもしれない。

新聞社時代、模範的な記者とは言えなかった私は、書いた記事で銀行から「出禁」を通告されたこともあるし、海外に飛ばされる「左遷」もあった。スクープを手にしたこともあったが、自分だけ大ニュースを書けなかったいわゆる「特オチ」もあったし、他社にスクープを抜かれたことも数多い。本書には、そうした当時は書けなかった逸話を多く盛り込んだ。取材現場の臨場感を読者の皆様に感じ取っていただければ幸いである。

2018年10月　山田厚史

日本中が好景気に沸いたバブル時代は金融業界にとって「夢の時代」だった。

銀行員が消える日　目次

第2章 バブル入行組

第6章「危機」の本質

カバーデザイン／妹尾善文（ｌａｎｄｆｉｓｈ）　本文ＤＴＰ／（ｌａｎｄｆｉｓｈ）

第1章

護送船団の時代

「出入り禁止」処分を受けた富士銀行ルポ

初めに紹介するのは1986年、私が朝日新聞経済部にいたころ書いた記事である。さまざまな企業の最前線をルポする「会社86」という連載企画で、私は都銀の雄である富士銀行を取材した。

当時、私はまだ30代半ばだった。現場を歩いて取材した内容はいま読み返しても悪くないと思うのだが、この記事が発表された後、私は富士銀行から「出入り禁止」を通告された。（頭取を除く人名はアルファベットで表記）

【朝日新聞1986年9月15日〈会社86 富士銀行 金融自由化 数字に追われる〉】

午後5時前、東京・晴海通りに面する築地支店。7月上旬の日はなお高いが、すでにシャッターは閉ざされコンピューターの端末機のカタカタという音だけが響く。勘定合わせに女子行員が息をつめて伝票を繰っている店内。白ワイシャツ姿が増え、にわかに活気づいてきた。得意先を回ってきた渉外担当者が続々と戻ってきたのだ。支店長のＡ(50)は待ちかねていたように腰を浮かせ、渉外第３係主任のＢ(29)を手招きした。

新規取引開拓へ

「どうだ、ハンドバッグの注文は」。「先方は２００個も売れればいいと思っていたようですが、この調子だと１０００個を超えそうです」。Ｂ主任は指でＶサインをつくってみせた。「ほう、そんなにいったか。ごくろうさん」。Ａ支店長はこれで銀座に店を構えるイタリアの高級ブランド輸入総代理店に口座を開設してもらう「新規取引作戦」は半ば成功、とほっとした。

Ｂ主任にこの店の工作を命じたのは４月上旬。本店からの重要新規開拓先リストによると主取引銀行は、住友銀行。富士に口座は開かれていない。

Ｂ主任は頻繁に店に通い、受付の女性に名刺を渡して経理部長への面談を申し込んだ。だが、判で押したように「間に合っているそうです」。門前払いが続いた。

４月下旬、いつものように受付で待っていると、Ｂ主任の名刺を手にした当の経理部長が奥から現れた。「お宅のよその店も何十回もきたが、皆あきらめたよ。ウチは住友だ。カネは必要ない」。取りつく島のない応対。B主任はとっさに話題を変えた。「販売のお手伝いをさせてもらえないでしょうか」。部長は取り合おうとしなかったが、話しぶりから、売れ筋にかなりのバラつきがあり、在庫処分が課題になっていることがうかがわれた。「脈はある」。

輸入ブランド商品の行内販売を当面の工作目標に定めた。副支店長のC(38)も乗り出した。ブランドイメージを落とさないよう販売期間や品数を限り、行員以外には売らない、など厳しい条件をつけられ、5月末にやっとOKが出た。行員から支払われる代金を、同支店に新しく開くこの店の口座に振り込めば、取引拡大のきっかけになる——。

6月21日付でA支店長名で全支店に案内書が出された。「当店重点新規先の特別のご配慮で当行行員に限り、定価の50%OFFにてバッグ類を販売していただきますので、購入方勧奨いただきたく……」。

ボーナス期を狙った販売作戦は当たった。申し込みは1050件あったが品切れが相次ぎ、成約は650件、売り上げ約1000万円。〝成功報酬〟を上乗せして2000万円ぐらいの定期預金を積んでくれるのでは。輸入がらみの外国為替の口座開設や、融資の一角に食い込めるかもしれない……。

成果をひっさげ、9月上旬、A支店長自身が社長との会談に臨んだ。だが、先方の態度は慎重そのもの。「あちこちから声がかかってきているが、むしろ銀行取引を整理しようと思っている」。

内心、気落ちしたが、A支店長は「今後もお役に立つことがあれば何でも言って下さい」。あくまで低姿勢で通した。

「売り先、不動産、アイデア」。銀行はこの3つのうちどれかがないと融資は取りにくい時代。カネ余りと激烈な貸し込み競争で今や借り手市場。企業が求めているのはカネでなく、製品の販売先や新事業のアイデア、事業拡大のための土地などだ。

手っ取り早いのは銀行が相手先の商品を買ったり、銀行の出入り業者になってもらう方法。築地支店の従業員販売はこの変形。取引先の企業に販売紹介するケースもある。銀行は巨大な情報タンク、取引の仲人にはなりやすい。とりわけ重視しているのは不動産情報。工場用地や都心にオフィスなどを探すことが取引に結びつく。新規事業や新製品のマーケティングなどは行内の経営相談所、営業情報開発部などが対応。個人のお金持ちには税金相談、相続対策など。

情報サービスの質と速さが取引の決め手。カネという商品に魅力が薄れたため、銀行は「おまけ商法」に走っている、ともいえる。

隣接支店と競合

築地支店が取引のパイプをつないだ輸入総代理店を、隣り合う銀座、数寄屋橋の両支店も狙っていた。数寄屋橋はこの店に出資している総合商社の役員を通じて工作、銀座の渉外係もアタックしていた。

銀座支店長D（52）、数寄屋橋支店長E（51）と築地のA支店長は同じ33年入行の同期生。今年4月、3人を含む33年組の7人が取締役一歩手前の「参与」に第1次選抜で昇格した。7月の取締役選出では、7人のうちニューヨークの富士銀行信託社長F（50）、札幌支店長G（50）、営業企画部長H（50）の3人だけが役員になり、都心3支店長は「足止め」を食った。1次選抜で参与になったら役員入りの可能性は高いが、都心支店長を最後に転出する例もままある。

「同期の争いですよ。競い合って業績を伸ばせ、ということでしょう」と数寄屋橋のE支店長。支店長席の後ろに60年度下期の業績表彰状が額に飾られている。「こういうものは、あまり意味ないんだが、たまにもらってやると、支店のモラールアップにつながる」。

大企業取引の多い銀座支店は、自由化の波をもろに食らった。大口取引先に銀行離れが目立つ。「カネは借りてくれないし、割安の定期預金がごっそり自由金利の大口定期に振り替わった。その穴を小口取引で埋めようと中小企業を攻めると、隣の支店とぶつかる」とD支店長はぼやく。

取締役と副主事

33年組大卒は入行時60人いた。途中退職が９人、51人が残っているが、うち「出向」が12人。残る39人の地位は、取締役３人、参与４人、参事（一般の支店長級）16人、副参事（副支店長次長級）５人、主事（支店の課長級）９人、副主事（支店の課長代理級）２人。役職には大きな開きが生じている。銀行は役職給が高い。ポストの差は給与の差にはね返る。副主事と役員では倍以上の差。「能力主義の結果だ。個人の適性に配慮したもの」と人事部次長I(45)。

「銀行員としての能力の差はたしかにある。しかし、今日の地位が示すほど差があったかというと、それは疑問です。銀行は減点法の評価が支配的で、一度バッテンがつくとなかなか回復できない。そのうちに本人もくさってしまう。そんな悪循環もあったようです」。メーカーに出向した同期の1人(52)は語った。

銀行が行員の能力を測るモノサシは「数字」に集約される。営業の第一線では、すべての個人、組織に目標が定められ、実績が判定される。富士では61年度から、支店の評価基準を変えた。預金獲得額が重視されていたが、新制度はその比重を半減させ、収益重視型に。

各支店の持ち点は1000点。収益が600点、預金160点、給与振り込み、財形、クレジットカードなど基盤項目180点、競合他行との比較20点、キャンペーンなど特別重点施策40点が配分の内訳。それぞれの項目で目標を超えると5割増まで加点が認められる。業績表彰を受けるには1000点を達成するのがまず目標となるが、相対評価だから他の支店がさらに点数が上回れば表彰は受けられない。表彰を受けると、昇給査定が有利になり、定員増も通りやすい。

支店長は毎年2月、次年度の目標を担当常務と協議し、最後に握手をして、その達成を約束するのがならわし。実際は他の銀行の動きを勘案し、富士全体の目標を支店に割り振るが、常務J（56）は「支店が自らの意思で決めた目標」。支店でも課、係単位から行員個人まで目標を出し、中間管理職が支店の目標と調整し、それぞれ「自分の目標」が決まる。

「仕事に追われるのではなく、仕事を追いかけよう。それには豊かな発想と十分な金融知識が必要だ。職場活性化のためにも、恒常的な長時間勤務の改善を貴職の責任で行っていただきたい」

昨年10月4日、本店14階講堂で、全支店長を前に頭取の荒木義朗（65）は「早帰り」を提唱した。

労基署に訴えも

その1カ月ほど後、東京都江戸川区の江戸川労働基準監督署に、1通の封書が届いた。「銀行に知られると処分される」として、匿名だったが支店の時間外労働の実態がめんめんと書かれている。

残業手当は実際の３分の１も支給されていない。早く帰りたくても上司の目が光っていて帰れない……。「調査し改善していただきたい」。文中に「江戸川区松江の都市銀行支店に勤める者」とあるのを手掛かりに同署の担当官が小松川支店を訪れた。

「否定するなら調査に入る、という構えで出向きましたから先方もある程度の事実は認めました。口頭で、改善指導を行い、今後は長時間勤務は行わないと約束させました」と同署次長のＫ(53)。内部告発が求めた「調査」まで踏み込まなかったのは「出勤簿のうえでは時間外は問題にするほどなかった。これを覆すだけの協力を行員から得られるとは思えなかったので……」とＫ次長。

「あの時は渉外チームを再編したばかりで慣れない仕事が多く10時ごろまで勤務することがしばしばあった。指導を受けたので支店内に早帰り委員会を設け、改善した」と小松川支店長Ｌ(54)。時間外として請求していたのは１人月約25時間、１日平均１時間強に過ぎなかった。

「サービス残業」「フロシキ残業」という、外部では耳慣れない言葉が行内でささやかれている。

本部から支店にはオンライン情報と呼ばれる膨大な資料が届く。コードナンバー表によると、「高額所得者工作一覧表」「渉外工作管理票」「ボーナス工作管理票」「総合取引採算検討表」など72種類。どれも顧客獲得に役立つ情報の宝の山。日中は得意先回りに追われる。必要データを拾ったり書類を作るのは夜の作業。だが収益重視の経営は残業時間にも目標を課す。１人当たり月25時間前後。はみ出した時間は無給の「サービス残業」だ。

「仕事のきりあげは10時が１つのめど。終わらなければ書類を持ち帰る『フロシキ残業』です」（都下郊外店の課長代理）

業績と板バサミ

「10時ごろまで働かせている支店長がいたら、バッテンがつきますよ。われわれなりに調べてますから」。人事部のＩ次長は時間外減らしに躍起である。「人事は支店の最終退行者の時間を見張っている」というウワサもあり、支店長は業績と早帰りの板バサミになる。一方、組合はといえば、「サービス残業？　支部からそんな報告はぁがっていませんの。報告がないのだから、ないということです」と富士従業員組合のM書記長（33）。

労使交渉の場でサービス残業が表立って論議されたことは一度もない。（記事ここまで）

「住友はそういうところだからしょうがない」

この連載企画「会社86」で「どこか銀行を取り上げよう」という話になったとき、当初私が提案した取材先候補は、平和相互銀行を買収し、関東における勢力拡大を目論んでいた住友銀行だった。

ところが、デスクからこんな異論が出た。

「住友はダメだ。あそこだと、いくら行員の激務を取材しても住友はそういうところだから仕方がない、という話になってしまうぞ。もっとフツーの銀行にしたほうがいい」

当時、住友銀行は「モーレツ銀行」、いまの言葉で言うなら「ブラックな職場」で有名だった。そこで代わりの候補となったのが、バランスが取れてスマートな富士銀行だった。

富士銀行は取材に快く協力してくれた。朝日新聞東京本社が築地にあったこともあり、築地支店長のA氏とは旧知の間柄である。

80年代から本格化した金融自由化の波を受けて、都銀の多くは組織改革を迫られている時期であったが、銀行サイドが記事にあるような人事評価システムの具体的な詳細を明かすことは珍しかった。

だが、記事が出るとすぐに「異変」が伝わってきた。富士銀行の松沢卓二会長（当時）がおかんむりだという。「あんなことを書かれては、他行に迷惑をかけることになるじゃないか」――会長がそう不満を述べているという話も漏れ伝わってきた。

その後、広報担当の役員から「山田さん、申し訳ないが今後の取材協力は難しい」と〝出禁〟を言い渡されたが、記事のどの部分が問題になったのかは最後まで明らかにされなかった。

もっとも、私はよく夜回りをしていた荒木義朗頭取や、広報の責任者、実際に取材を受けた支店長たちが怒っているわけではないことを知っていたので、気にもとめなかった。問題になったのは、間違いなく労働基準監督署の「指導」を受けたとのくだりである。

「労基のチェックが入った」という情報は、取材現場で親しくしていた行員たちから噂話として聞いていたもので、試しに労働基準監督署に当ててみたところ、あっさりそれが事実と判明した。富士銀行としては名誉な話ではないし、他の銀行も行員の働きぶりは似たり寄ったりかそれ以上だから、労働環境について書かれた会長が「他行に迷惑がかかる」と思ったとしても不思議ではない。

結局、このときの「出入り禁止処分」はその後、なし崩し的に解除となった。取材を受けたA支店長もその後、役員にまで出世したから、銀行内部で問題にされたこともなかったはずである。

「規定演技」で勝負する銀行営業マン

この「会社86」でリポートした富士銀行行員たちの姿は、当時の標準的な都市銀行マンの仕事内容と大きく変わらない。

当時「都銀」と呼ばれる全国規模の業務を展開する大手行は13行あった。第一勧業銀行、三井銀行、富士銀行、三菱銀行、協和銀行、三和銀行、住友銀行、大和銀行、東海銀行、北海道拓殖銀行、太陽神戸銀行、東京銀行、埼玉銀行（順不同）である。

なかでも伝統のある三菱銀行、名門の三井銀行、合併行ではあるが規模の大きい第一勧業銀行、そしてバランスの取れた富士銀行の関東4行は都銀のなかでも一段格上の存在と見られており、事実、当時の全銀協会長は4行の出身者が順番につとめるのが慣習だった。都銀とは別に日本興業銀行（興銀）、日本長期信用銀行（長銀）、日本債権信用銀行（日債銀）の3行があり、特に戦後の産業金融の中核だった興銀は、都銀以上のステータスを誇っていた。

全国の支店で働く営業マンは夕方になるとオフィスに戻り、成果のまとめや報告書の作成、データの確認、そして翌日の営業に必要な資料作成などに取りかかる。銀行の営業マンにとって大切なのはこうした基礎業務をいかにソツなくこなすかだ。

一流大学を出た能力の高い彼らにとって、融資先を拡大したり用意された金融商品を売る泥臭い仕事は、決してクリエイティブなものではない。しかし、そうした「規定演技」で合格点を取ることができなければ、自分の能力を最大限にいかす「自由演技」をさせてもらえない。だから彼らは毎日、スーツに七三分けのヘアスタイルで営業に出る。

銀行員にとって最大の関心事は人事である。同期のなかで誰が真っ先に出世するか。どの支店に配属され、どれほどの成績をあげて、いつ本社に配属され、いつ支店長になるか……組織のなかで評価されるためには何をしたら良いのか、その問いに正解した者が出世コースに乗ることになる。

かつて「お金」は希少財だった。預金金利や貸出金利を決めるのは大蔵省。利ざやが同じなら、利益の大きさはボリュームに比例するから、銀行は預金獲得競争に精を出した。だが、1971年のニクソン・ショックで金とドルの兌換が停止されると、金融自由化の時代が幕を開ける。しかし、日本の銀行のビジネスモデルが大きく変わるのはもう少し先の話で、富士銀行を取材した1986年の段階では、融資先を開拓して収益をあげるという仕事は銀行の営業マンにとって、もっとも基本的な仕事のひとつだった。1985年の「プラザ合意」をきっかけに、日本がバブル景気に向かって突き進んでいた時代のことである。

「これからの経済は〝事件〟なんだ」

新聞社では経済畑を歩んだ私だが、もとをたどれば経済というものに特別な興味をもっていたわけではない。

私は関西の同志社大学法学部政治学科を卒業後、大阪の放送局である毎日放送を経て、1971年に朝日新聞社に入社した。

全国紙の記者は、採用されるとまず全国のどこかの支局に配属され、そこで記者としての基礎的な訓練を受けたあと、数年後に本社に上がって働くようになる。私の場合は振り出しが青森支局で、次が千葉支局だった。

千葉支局では開港直前だった成田空港の三里塚闘争などを取材。比較的得意だったのはいわゆる「サツ回り」で、幹部よりも巡査部長やヒラ刑事など、役職のない警察官に夜回りをかけて情報を取っていた。

青森支局のデスクにはこう言われた。

「いずれ本社へ上がることになるが、政治部や経済部といった権力に近いところよりも、社会部の遊軍あたりでルポを書いたりするのが君には性に合っているんじゃないか」

私も自分のやりたいことがよく分からず、何となくデスクの言葉を受け止めていたが、千葉支局を卒業後、配属されたのは意外にも経済部だった。1978年のことである。

経済のことを何ひとつ知らず、しかも自分で希望したわけでもない経済部になぜ配属されたのか――後になって、当時の経済部長が私に語ったことがある。そのときのやりとりを再現してみよう。

「君をなぜ経済部でとったか、分かるか」

「まったく分かりません」

「千葉の山田はサツに強いと聞いた」

「サツに強いとどうして経済部ですか」

すると部長はこう言った。

「山田君、これからの経済は事件なんだ。ウチの経済部には頭のいいのがたくさんいる。しかしあいつらは、後講釈をさせれば素晴らしいが、肝心のネタを引っ張ってこれない。これからの産業界は大再編の時代を迎える。そこでは事件記者のセンスがなければいい仕事はできないんだよ」

私が事件に強いかどうかは別として、部長の言ったことはまさにそのとおりだった。経済部では兜町担当となったが、不二サッシの粉飾事件や投資家集団「誠備グループ」による仕手戦などが勃発し、連日のようにキナ臭いネタを追いかけることになったからである。

笹川良一や糸山英太郎の名も飛び交った当時の仕手戦では「平和相互銀行」の名前がたびたび浮上。まだ経済のことを何も知らなかった私が「経済事件の最深部をたどれば銀行に行き着く」という感触を強めたのもこのときだった。

大蔵省に出入りしていた「ＭＯＦ担」たち

本社で１年ほど兜町を担当した後、次に配属されたのが「財研記者クラブ」、つまり大蔵省担当である。

兜町取材で証券会社のことは少しだけ詳しくなっていたが、日本の金融行政を司る総本山である大蔵省の担当は荷が重かった。

当時の朝日新聞の大蔵省取材は４人体制。キャップと主計局担当、主税局担当、そして一番若い記者が担当する「雑局担当」だ。

「雑局」は主計局と主税局以外、つまり銀行局や証券局、理財局、国際金融局、関税局などカバーする範囲が広い。配属当日に新潟県の大光相互銀行（現・大光銀行）の経営危機が表面化し、あわてて会見取材に向かったが、当時は素人同然の知識だった。

毎日のように大蔵省の課長や課長補佐から細かい数字の書かれたペーパーを配られレクを受けるが、何のことやらさっぱり分からない。そのうち夕方になり、記事を出さないといけない時間になるが、分からないので何とか話を聞いてくれそうな官僚にしがみつき、「ここだけ何とか教えてくれ」と懇願する毎日だった。正直言って、役所や行政の問題点を指摘するなどという余裕はまったくなく、ひたすら教えてもらうという関係である。もちろん、恥も外聞もなくそういうことができたのは、若さゆえのことだった。

現在、日銀総裁をつとめる黒田東彦氏も当時、主税局の課長補佐だった。「ちょっと〜山田く〜ん。これも分からないの？」などと、いつも困っている私を見て面白がっている風ではあったが、最後はいつも親切で、不愉快な思いをさせられたことは一度もない。

それでも1年雑局を担当し、1年主税を担当すると、いろいろなことが見えてくるようになった。

まず気が付いたのは常に大蔵省内に出入りしている奇妙な男たちだ。彼らは役所の人間でもないのに、いつも省内のキーマンと談話し、ときにはノンキャリの女性職員と食堂で食事をしていたりする。

私は当初、ライバルの新聞記者だと思っていた。あるとき、大蔵省の課長にそれとなく聞いてみた。

「あそこにいる彼はいつも熱心に取材していますがどこの社ですか」

するとと、課長は「知らないの？」といった顔をしてこう言った。

「あれは記者じゃないよ。○×銀行」

私がライバル記者と思い込んでいた彼らは、都銀の大蔵省担当者、いわゆる「ＭＯＦ担」だった。ＭＯＦとは「ミニストリー・オブ・ファイナンス」、つまり大蔵省のことである。

各銀行はエース級の若手をＭＯＦ担に起用。大蔵省から検査の日程や金利に関する情報、ときには他行の経営情報を聞き出す特命担当者として設置していたのだが、私は初めてそうした仕組みを知ったのだった。

後にベストセラー『住友銀行秘史』を書くことになる國重惇史氏も、当時大蔵省に出入りしていたＭＯＦ担であった。

元住友銀行取締役の「志望動機」

私が大学を出て社会人になった１９７０年代初頭、大学生の就職人気で上位の企業と言えば、文科系の場合は総合商社が圧倒的だった。銀行も人気がなかったわけではないが、人気ランキングベスト10に1行入るか入らないかといったところで、当時は学生運動が盛んな時代でもあり、国際的な業務があまりなく保守的なイメージの強い銀行の人気が低かったのかもしれない。

ところが別表のとおり、80年代後半に発生したバブル景気以降、銀行の就職人気は高まり、不良債権問題が深刻化する90年代半ばまで、都市銀行はベスト10の常連となった。

前述した元住友銀行取締役の國重惇史氏は、『住友銀行秘史』の冒頭で次のように書いている。國重氏は東大経済学部出身だ。

〈私が大学を卒業して住友銀行に入行したのは、1968年。4年前に東京五輪が開催され、まさに日本が高度経済成長時代を謳歌している真っ盛りの時代だった。

正直に言って、住友銀行を選んだことに何か積極的な理由があったわけではない。

大学は経済学部だったので民間企業に勤めようと思っていたが、一流企業を適当に受けていた。

銀行は、メーカーと違って自分のやりたいことを最初から特定しなくても済む。なんと

年代別就職人気企業（文系男子）

	1970年	1975年	1980年
1	日本航空	日本航空	東京海上火災保険
2	日本アイ・ビー・エム	伊藤忠商事	三井物産
3	丸紅飯田	三井物産	三菱商事
4	東京海上火災保険	朝日新聞社	日本航空
5	伊藤忠商事	三菱商事	日本放送協会（NHK）
6	三井物産	丸紅	サントリー
7	三菱商事	東京海上火災保険	三和銀行
8	松下電器産業	日本放送協会（NHK）	安田火災海上保険
9	住友商事	日本交通公社（JTB）	日本生命保険
10	電通	電通	住友商事

	1985年	1990年	1995年
1	サントリー	日本電信電話（NTT）	日本電信電話（NTT）
2	東京海上火災保険	ソニー	東京海上火災保険
3	三菱商事	三井物産	三菱銀行
4	住友銀行	三菱銀行	三井物産
5	日本電気（NEC）	東京海上火災保険	伊藤忠商事
6	富士銀行	三和銀行	JR東海
7	三井物産	JR東海	三和銀行
8	日本アイ・ビー・エム	住友銀行	三菱商事
9	松下電器産業	日本航空	第一勧業銀行
10	日本生命保険	全日本空輸	富士銀行

（リクルート調べ）

なく幅広くいろんな業種の人と会えそう……あえて言えばそのくらいの志望動機だった。〉

國重氏の回想は、当時銀行に就職した多くの学生たちの姿と重なる部分があるのではないだろうか。

どうしても銀行に行きたかったわけではないが、経営が安定していて、出世すれば待遇は良く、世間体も悪くない――國重氏の志望動機は、当時の日本の銀行がどういう存在であったかを端的に物語っている。

ある興銀幹部の「護送船団論」

戦後、大蔵省は「護送船団方式」によって金融システムを維持してきた。金融機関を船団とするならば、船団を崩さないため、もっとも速度の遅い船に合わせて航行するのが「護送船団」で、どんなに効率の悪い金融機関でもやっていけるように金利が設定されていた。

逆に言うと、効率のいい経営をしている銀行は超過利潤が蓄積される仕組みで、いわば日本の銀行はほとんどノーリスクの経営ができた。

1979年、新潟県の地方銀行である大光相互銀行が経営危機に陥ったとき、後に頭取となる日本興業銀行（現・みずほ銀行）の幹部に私はこう質問した。

「大手の銀行から救済資金を集める大光相互の再建スキームでは、興銀もかなりの負担を負う。そこまでしてよその銀行を救済する必要があるのでしょうか。株主総会で問題になりませんか」

1979年に経営危機が表面化した新潟県の大光相互銀行本店

すると、彼はこう言った。

「君は何も分かってない。損して得を取るというのはまさにこのことだ。大光が潰れることによって金融秩序に不安が広がったら、そのほうが大変な問題だ。目先の損失など大した話ではないんだよ」

要は大蔵省に護送船団システムを維持してもらうため、もし危ないところが出てくれば、体力のある金融機関が救済資金を出す。当時はそうしたもたれ合いの関係が成り立っていたわけだ。

このシステムが機能している限り、金融機関は決して潰れることはない。やがて「銀行は絶対に安全」という不倒神話がつくられ、安定を求める学生たちは銀行を目指すようになった。

銀行が「信用第一」を守る歴史的経緯

銀行が「信用」というものをまず第一に考えるのには、その成り立ちからして相応の理由がある。

銀行の歴史は中世ヨーロッパにおける十字軍の遠征にまでさかのぼる。イスラム世界まで侵攻した十字軍とともに遠隔地貿易が発達し、商人は広い地域で活動するようになった。そのとき、盗賊対策のために稼いだカネを預かる商人が出てきたのである。

はじめは現金で保管していたが、そのうち帳面に記載するようになり、やがて手元の現金を第三者に貸し付けるということが始まった。こうした貨幣商人は「バンカス」と呼ばれ、欧州各地で開かれるメッセ（市）で預金の受け入れや支払いなどの金融業務を始めた。こうした動きのなかで１５８７年に登場したのがベニス銀行である。

その後１６９４年にロンドンで設立されたイングランド銀行は、自らの信用にもとづき譲渡可能な手形を発行するようになる。これが近代の銀行制度の原型で、銀行の信用創造の始まりとされている。貨幣がなくても信用の力で「通貨」をつくり出せることになり、融資能力は格段に高まった。

銀行は商業活動に寄り添って繁栄し、産業革命を経て、新興の産業資本家にカネを貸し大きくなった。銀行貸出が「信用供与」と言われるのはそのためで、手形の発行や融資は、すなわち銀行の信用を与えることなのである。

まず銀行に信用があり、銀行が信用を与える相手を見極める力を持つことで、金融システムは維持される。銀行員が何より「見た目」にこだわり、些細な決め事を大事にするのは「信用」がなくなれば自分たちの存在意義が問われる事態になることを何より知っているからである。

長銀のパンフレットに書いた「金融ルネッサンス」

財研記者クラブの後、2年間自動車業界を担当し、その後仙台支局で2年間働いて1985年に金融担当として本社経済部に戻ってきたとき、金融自由化には大きく進んでいた。

預金を集め、融資するというコマーシャルバンクとしての機能は薄まり、証券・信託・銀行といった垣根が取り払われる業務の自由化ともあいまって、銀行は新しい環境のなかで競争を繰り広げることになったのである。

1985年、私はある同僚記者から頼まれごとをしたことがある。もう時効だと思うので明かすが、それは長銀の採用パンフレットに原稿を書くという仕事だった。もともとこの記者がアルバイトでその仕事を請け負っていたのだが、人事異動で仕事ができなくなったので、かわりに頼むというわけである。

もっとも、私は長銀の内情に精通しているわけではない。長銀の企画課長が話した内容をうまくまとめるという仕事である。企画課長は「護送船団の時代は終わり、いままさに新たな時代が始まろうとしている」といった明るい未来の話をして、私はそれを「金融ルネッサンス」と題してパンフレットにまとめた。するとそれが案外好評だったらしく、翌年も後任の課長に「今年もお願いします」と頼まれたことを覚えている。

10年以上後になって長銀が経営危機に陥ったとき、この後任の課長は頭取となっており、私の後輩記者に対し、こう嘆き漏らした。

「山田さんはいまでこそ、われわれに対し厳しい記事を書かれていますけれども、昔はウチのパンフレットに原稿を書いてくれたこともある仲間だったんですよ。それなのに……」

職業柄、仕方のないこととはいえ、そう言われるとこちらもいたたまれない気持ちになる。なお、最初に話を聞いた企画課長の上原隆氏はその後、長銀の副頭取にまで出世したが、彼は長銀破綻の経営責任を負う形で１９９９年に自ら命を絶っている。

バブル時代に高い就職人気を誇った富士銀行

—第2章—
バブル入行組

１９８７年に書いた「アブク銭経済」への警鐘

80年代後半の好景気は「バブル時代」と呼ばれているが、この「バブル」という言葉が日本人の間で使われ、定着するようになったのは90年代に入ってからのことである。

80年代の終わりまではまだ、地価と株価が果てしなく上昇するという夢を信じている人も多かったが、私はすでに金融関係者から「このまま行くといつか大きな反動が来る」という懸念を聞かされることがあったし、日本銀行金融研究所の翁邦雄氏が１９８４年の段階で「バブル」という言葉を解説する論文を書いていたことも知っていた。

「バブル」ではまだ読者に通じなかった時代、それに似た言葉として「アブク銭経済」という言葉を私が初めて使ったのは１９８７年のことである。日銀が公定歩合を引き下げたことに対して次のように書いた。

【朝日新聞１９８７年２月21日〈第５次公定歩合下げ、対米配慮を優先　景気への効果は疑問〉】

日本銀行は20日、第5次公定歩合の引き下げを決めた。為替の安定を期待し、対外的配慮を優先させた決断だ、という。だが、今回の利下げは、金融政策の根幹にかかわるいくつかの問題をはらんでいる。（1）公定歩合が経済外交の道具になり、実質的主導権を米国に握られた（2）政府の内需拡大の無策を隠す道具に公定歩合が使われた（3）地価・株価の高騰に象徴されるアブク銭経済を日本経済に浸透させている、などだ。一連の利下げ過程でこの「あしき傾向」が強まりつつある。（山田厚史記者）

今回の公定歩合が事実上決まったのは1月22日の宮沢蔵相とベーカー米財務長官との会談だ。米国が円・ドル相場の安定に合意することを求め、その見返りに日本は公定歩合の下げを約束した。

米国が日本の利下げを執ように求めるのは、「内需拡大」以外にもいくつかの理由がある。米国経済の停滞は「米国の裏庭」ともいわれる中南米諸国の冷えきった経済が重しになっている。累積債務国となったこれらの国を活性化するためには利払い負担の軽減が必要で、そのためにはドル金利を安くしたい。その一方、米国も巨大な債務国になっており、財政資金をまかなうには日本からの資本流入が不可欠だ。円の金利がドル金利よりさらに低くなければ米国への円滑な投資は期待できない。

日本にとって極めて不利なのは、米国に為替と公定歩合をからめられたことである。昨年10月の４次下げも、米国に為替安定を認めさせる見返りの条件だった。しかし、２カ月で米国は円高誘導へと動き、今回の５次下げが引きずり出された。米国は内心ドル暴落を心配しながらも、「ドル安カード」をちらつかせて日、独に負担を迫ってきた。

公定歩合を下げることが、為替の安定につながる合理的な理由はない。過去４回の利下げのうち３回は逆に円高に振れた。頼みのツナはＧ５での安定合意だが、それも不確かなものであることは前回の利下げが実証している。

利下げが内需拡大の特効薬であるなら米国の要請に応ずるのも一案だ。が、日銀内部でも景気への波及効果は疑問視されている。「金融はすでに十分緩和されている。もう一段下げても効き目は薄い」というのだ。金融機関も「金利が下がったから設備投資や在庫積み増しをしようと考える企業はほとんどない」という。

逆にここで金利を一段と引き下げることは銀行の貸出額をさらに膨らませ、財テクや土地投機への追い風になるおそれがある。銀行預金金利は低下の一途で、株や債券の市場は活気付いている。「証券で運用すれば3、4割の利回りが上がる」と機関投資家のハナ息は荒い。地価高騰の裏には昨年1年間で2倍に膨らんだ銀行の不動産業への融資があった。最近はゴルフ場の会員権が暴騰、相場は1年で2倍にはね上がり、億単位の会員権が目白押しだ。いずれも、流入資金が相場を押し上げ、値上がりがまた投機を呼ぶ、という連鎖。「財テク」が本業の不振をカバーする利点が指摘されているが、異常に膨らんだ〝アブク銭相場〟の上に成り立つ見せかけの活況は揺りもどしも大きい。目先の利益を追いつづけることが、将来の危機を日々増殖させている、ともいえる。

日銀はインフレの火ダネになる過剰流動性が発生しそうになったら、ただちに手を打てるだろうか。48、9年の狂乱物価は利上げの時期が遅れたことが致命傷だった。外からの圧力に弱い日銀の体質は変わったとはいい難い。しかも、今回は企業も銀行も財テクで底上げされた企業体質に染まっている。金融引き締めが相場の暴落や企業倒産を呼ぶ構造ができつつある。今回の利下げは将来の金融政策のカジの切り替えをかえって重くしてしまったようだ。（記事ここまで）

私はその後ロンドン駐在となり、金融担当から外れたが、その後の展開はこの記事で心配した通りになってしまった。

あのバブルの時代を検証総括しようとするとき、思い出すやりとりがある。三井銀行の役員が、私に語った言葉だ。

バブル崩壊がはっきりした90年代、私は夜回りでこんな質問をした。

「なんで選りすぐりの優秀な銀行員たちが、無謀な貸し出し競争に走ってしまったのでしょうか」

「銀行員は優秀だと思うかい？」

「そうではないですか。私など学生のときは優の数が足りなくて、銀行など受けることすらできなかった。少なくとも、何かしら優秀な能力があることは間違いないでしょう」

するとと役員はこう言った。

「優が多いという意味は、優秀ということじゃない。組織の秩序に従順だということですよ。お金を扱う仕事には、そうした従順さは必要になる。右を向けと言われれば素直に右を向く——銀行の仕事にリスクがないうちは良かったけれども、バブルになって、みんなが間違った方向に流れたとき、誰もその間違いを正すことができなかった。銀行員の弱さですよ」

また、住友銀行の天皇と呼ばれた磯田一郎元会長は生前、こう語っていた。磯田氏の口癖は「向こう傷を恐れるな」である。

「これをやれ、と言われてできないのは論外。やれと言われたことができても、まあサンカクだな。マルをつけられるのは、俺が何も言わなくとも、何を考えているかよく理解して動く人間だ」

行員は支店長を忖度し、支店長は役員、役員は頭取、頭取は会長……といった具合に上を見ながら行動する。そうした組織風土が特に強いのが銀行であり、バンカーたちはそうした自分たちの弱みを自覚しながらも、バブル時代の貸し出し戦争に歯止めをかけることはできなかったのである。

私が記事で「アブク銭経済」と書いたのは、何も自分の個人的な分析や見解を述べたわけではない。このときの取材に限った話ではないが、大蔵省や金融業界を取材していると、日本経済の行き先を憂慮するまっとうな見識をもった人間がいるもので、そうした「本音」の部分を取材で集めたものが記事として形になる。当時からバブル時代の終焉を予感していた人々は少なからずいたということだ。

住友銀行頭取が語った「福利厚生」

本書冒頭で1986年の富士銀行ルポを紹介したが、バブル時代の貸し込み競争は熾烈を極めた。

行員の深夜に及ぶ残業は当たり前。労組はあっても徹底した労使協調主義で、政治運動は一切せず、連合のような全国組織には加盟しない方針を貫いていたため銀行内では「第2人事部」などと呼ばれていた。なかでも、強烈な収益主義で名を馳せたのが磯田一郎率いる住友銀行である。

関西を地盤としていた住友銀行は1986年に平和相互銀行を吸収合併し、首都圏店舗の拡大に乗り出す。野武士のような営業マンが「お金を借りてください」とローラー作戦をかけ、都銀の融資拡大戦争は激化した。

1980年代半ば、磯田氏の後任だった小松康頭取にこう聞いたことがある。

「住友の関東での攻勢が話題になっている。しかし、現場の行員からはノルマがあまりに厳しいとの声も聞こえてくる。パチンコ店や不動産業者にまで融資して、成績をあげても行員たちの給料はそれほど上がっていない。それなのに地価はどんどん上がる。30歳になってもマイホームを持つ夢は、まだ遠いのではないですか」

するとと小松頭取は「よくぞ聞いてくれた」と言わんばかりの顔をした。

「そうなんだ。住宅の問題は重要だ。だが、そのあたりもきちんと考えている。これまで安宅産業がらみの不良資産がずいぶんあって値が付かなかった土地が、最近の不動産ブームでよみがえった。これから郊外に住宅を開発して、そこには行員たちに優先的に入ってもらうようにする」

だが小松頭取が口にした場所は、都心から電車で1時間以上もかかる遠いエリアだった。

「住宅開発をしても、そこだと行員の皆さんは大変でしょう。夜、終電を逃したらタクシーで帰れるような場所ではない」

すると小松頭取は平然とこう言ってのけた。

「それは心配ない。自宅に帰らなくとも、ちゃんと都内に宿泊施設を別に用意してある。

ウィークデーはそこに泊まってもらえばいい」

頭取自ら「平日は自宅に帰らなくてもいい」と言い切ってしまう大銀行——いまでは考えられない話だが、当時収益ナンバー1を誇った住友イズムを垣間見た思いだった。

私は生前の磯田会長にもよく話を聞いたが、「天皇」と呼ばれるようなワンマンにありがちな孤独を感じさせる人だった。

新聞記者が夜、訪れると、酒も飲んでいないのにドキリとするようなことを言う。

「俺も暗い人間だが、小松も暗い。2代続けて暗い頭取っていうのはどうなんだろう。それでもいいんだろうか」

「役員を目指しているあいつの兄が、どこで聞いたのか俺のところに骨董品を送ってくるんだよ。そこまでして取り入りたいと思っているのか……」

問わず語りにそうした話を聞かされると、「オレを通じて行内に流したいのかな」とも思えたが、当時はそうした話を活字にすることはなかった。磯田氏の取材でよく覚えているのは次のような言葉だ。

「人の評価っていうのは、良かったものが悪くなることはあっても、その逆はない。悪い評価がやがて良くなるなんてことはないんだよ」

それはある意味で、銀行という組織がもつ残酷な部分を象徴していたのかもしれない。役員候補はみな有能だが最後に選ばれるのは「カワイイヤツ」なのだ。

「地上げ屋」とタッグを組んだ銀行マン

バブル時代の銀行は「なんでもあり」の様相を呈していた。後にバブル経済のキーワードとして有名になる「地上げ」に銀行が深く関与していることを、私は１９８６年の時点で問題提起している。当時はまだ、真面目な銀行員がバブル紳士のカネ儲けなどに加担するはずがないと考えていた人も多く、記事には大きな反響があったことを記憶している。

【朝日新聞１９８６年12月18日〈地上げ支える銀行の巨額融資　カネ余り、利害一致〉】

地価高騰に歩調を合わせて銀行の不動産融資が急増している。都心部でうごめく、いわゆる「地上げ屋」と呼ばれる業者の背後には資金を供給している金融機関が必ずある。「地上げの成否は金繰り次第」というこうした業者側の都合と、余ったカネの使い道に頭を悩ます銀行の都合とがかみ合った結果だ。東京副都心の西新宿で展開された地上げを例に、業者と金融機関の関係に光を当ててみた。（山田厚史記者）

12月5日、午前10時すぎ。東京・丸の内の都庁第2庁舎8階にある住宅局不動産業指導課に、最上恒産社長、万木英治氏が呼び出された。最上恒産（本社・港区南青山、早坂太吉代表）といえば、新宿の地上げで有名になった不動産業者。土地の転売でもうけ、5月期決算法人申告ランキングでは、上場企業をしり目に第3位に浮上。代表取締役の早坂太吉会長はこの10月、サラブレッドを1頭2億6000万円でセリ落とし、「空前の落札額」と世間を驚かせた。

同課の課長は万木社長を課長席の前に立たせ、行政処分通知書を読み上げた。

「国土利用計画法23条違反により、宅地建物取引業法65条に従い、指示処分とする。再度違反した場合はこれより重い業務停止処分になるから気をつけてほしい」

地価が10倍に大化け

処分の対象になったのは新宿副都心に隣接する西新宿6丁目の土地約５０００平方メートルの買収・転売。同社は58年から地上げにかかり、昨年6月までにほぼまとめ、関係会社などに転売した。

結局、土地は今年3月27日、大手建設会社のフジタ工業の手に渡った。地上げが始まったころ、「3・3平方メートル当たり３００万円前後」（万木社長）だった土地がこの間にふくらみ、フジタ工業に渡った時は３１５０万円といわれる。なんと10倍に大化けした。

この地上げに対し東京都は「国土法違反」として7月16日警視庁に告発した。「２０００平方メートル以上の土地や借地権の買収・売却は国土法で届け出が義務付けられている。最上恒産は無届けで行った」（都市計画局土地調整課）。届け出があれば、都は売買価格や利用目的が適正かどうかを判断し、指導することになっている。

しかし、問題の土地の動きを登記簿で調べてみると、奇妙な取引が浮かんできた。国土法の対象になる２０００平方メートル以上の取引が見当たらない。

最上恒産は、５０００平方メートルの土地を、60年6月20日付で3分割していた。そして同社が一番広い土地をひきつづき所有し、他の２つの土地は同社のグループ企業である最上ナチュラルパーク、最上観光の2社に転売されている。さらに同じ日付で2つの土地は東京・神田に本社のある東京エステートと福島県耶麻郡の磐越産業へと再転売されている。つまりグループ2社は通過しただけだ。東京都は、5000平方メートルの段階で法を適用したわけだ。

さらに最上恒産本体が持っていた土地はその8日後、第一相互銀行の関連会社である相和不動産が買い取っている。第一相銀は最上恒産の主取引銀行。これまでも最上恒産の事業を資金的に支えてきた銀行だ。

年12%の異常な高利

相和不動産は同相銀のOBが役員を占め、支店用地の代行買収や行員への物品販売などを行っている。第一相銀の本店近くの小さなビルの5階に事務所があるが、行ってみるとロッカーで仕切った隣が東京エステートの本社だった。東京エステートも第一相銀の関連会社で、第一相銀の支店建設が主な事業。土地の転売の受け皿となったもう1つの会社、磐越産業は福島の建設会社だが新宿にある東京支店が不動産を手がけ、同行や相和不動産と取引関係にある。

この3社への土地転売について最上恒産の万木社長はこう説明する。

「3社とも第一相銀のダミー会社だ。ここを通じ資金を引っ張ってきた。地上げを成功させるためには200億円の追加資金が必要だったが、第一相銀は大口融資規制の限度額にひっかかり、これ以上ウチに融資はできない。そこでダミーをたて安田信託銀行を中心とする融資団から約200億円の融資を受けた」

こんな手のこんだ手法をとったのは、最上恒産に直接融資すると、大手の銀行が土地転がしに協力したことが表面化することを恐れたため、と金融業界は分析する。第一相銀にとっても最上グループへの融資を債務保証すると、すでに大口融資規制の限度を超えている同グループへの債務保証をさらに拡大するので都合が悪かったのではないか、という。

第一相銀は相銀業界にあって収益力の高い銀行として定評がある。半面、不動産関係への融資比率が高いことも特色で、しかも「特定の大口取引先に融資が集中している」と大蔵省から指摘されている。最上恒産も大口融資先の1つで、同社自体への融資は9月末で約36億円と大口規制のワク内に収まっているが、グループ全体では460億円と膨らんでおり、同省から「実質的に同一債務者への融資だ」と改善を求められていた。
しかし、融資が多い割には、最上恒産が借りた資金の金利は「年12％」という高いものだった。長期貸出金利で7％前後だった相場をはるかに上回る。この高金利について、相和不動産の豊田利之社長は「調達コストに登記費用や債務保証料や口きき料とかを上乗せするとどうしても高くなる。借り手も資金繰りさえつけばあとで土地は高く売れるから、その辺は相談の余地があります」。
買収コストは他の地上げ業者がおさえていた主要区画の買いあげなどで「最終的には3・3平方メートル当たり約2000万円」という。フジタ工業への売却価格といわれる3150万円と比べると、高金利でも十分おつりは来る計算だ。土地転がしと同様、金融でも何段階の資金供給者が介在し、それぞれが利益を得る、という構図だ。（記事ここまで）
すでにバブルが始まって間もないころから脱法的な地上げに手を染めていた金融機関は、この後ますます無謀な拡大路線を突き進んでいく。

年間４５００人以上を採用したバブル時代

バブル時代に入り、人海戦術での貸し出し戦争が始まると、銀行は大量に学生を採用し始める。

昭和40年代くらいまで、都銀の採用人数は毎年、各行１００名に満たない程度だったが、バブル時代以降に採用が急増。多いところでは1行で６００人以上もの学生を採用するところもでてきた。

都銀11行（三菱、三和、東海、東京、さくら、住友、富士、第一勧銀、あさひ、大和、北海道拓殖）の合計採用人数を見ると、３２３７人(87年)、３６９１人(88年)、４１５９人（89年)、４５７４人(90年)、４５７６人(91年）と、ピーク時には都銀だけで４５００人以上もの学生を採用している。

ちなみに3メガバンクが公表している２０１９年春の新卒採用予定者数はみずほＦＧがグループ全体で７００人程度、三菱ＵＦＪ銀行が９００人程度、三井住友銀行が７００人程度で合計しても２３００人程度だ。

当時の都銀と経営統合された後のメガバンクを単純に比較することはできないが、バブル期の採用人数が突出して多かったことは事実であり、彼らは「空前の売り手市場」と呼ばれた時代に銀行に採用された、いわゆる「バブル入行組」である。

当時の銀行は優秀な学生たちを囲い込むため、若手のリクルーターを使って青田買いに走り、銀行とパイプのある有名大学のゼミに所属していれば、容易に銀行の内定を獲得することができた。

純粋に景気拡大による人員採用増という側面もあったが、当時銀行業界は電算化、システムの時代に入ることを見越して理系の学生の採用を増やしていた。

自動車業界ではバブル時代の前に「メカから電子へ」という時代が到来しており、機械工学や精密工学の学生だけではなく、電子工学を学んだ学生の採用が急増した。理系エリートの就職先といえばそれまで製造業が多かったが、銀行が理系の学生の就職先として選択肢に入ってくると、平均給与が高い銀行はたちまち理系学生にとっても憧れの職場となったのである。

1986年に男女雇用機会均等法が施行されると、それまでなかった女性の総合職採用も始まった。

バブル期の大手行総合職採用数(人)

銀行名	1987年	1988年	1989年	1990年	1991年	1992年
三菱銀行	405	400	400	445	470	480
三和銀行	260	370	340	540	490	510
東海銀行	234	240	348	362	342	326
東京銀行	99	110	129	143	132	123
さくら銀行	476	622	635	609	405	360
住友銀行	430	378	439	540	550	439
富士銀行	300	480	530	450	560	475
第一勧業銀行	375	385	490	575	480	495
あさひ銀行(埼玉+協和)	297	356	385	411	473	253
大和銀行	200	200	300	350	460	285
北海道拓殖銀行	161	150	163	149	214	171
都銀11行合計	3237	3691	4159	4574	4576	3917
日本興行銀行	115	127	147	163	190	130
日本長期信用銀行	64	105	117	136	126	96
日本債権銀行	81	95	137	118	130	72
長信銀3行合計	260	327	401	417	446	298

ある時代までの金融機関は、「行員の結婚相手」を想定して女子学生を採用(一般職)しており、学歴や仕事の能力よりも容姿などが重視される傾向が強いと言われた。記者たちの間で「美人が多い」と有名だったのは日銀である。

ただ、彼女たちがみな数年で寿退社するわけではなく、非常に能力の高い人材も少なからずいた。銀行の窓口業務を行うテラーは女性行員が多かったが、優秀なテラーは窓口に来る人々を鋭く観察しては、次々にニーズを把握して手際よく金融商品を紹介するなど、支店レベルでは大きな戦力となっていた。当時は「窓口にあの人がいるから銀行はここ」と決めているような高齢者がいたものだが、ＡＴＭ（オートマチック・テラー・マシン）が顧客に対応するようになってからは、そうした風景も見なくなってしまった。

働く大義を失った銀行マンの悲哀

史上空前の大量採用――だが、彼らを過酷な運命が待ち受けていたのは周知のとおりである。

入行して銀行の仕事を覚えたころには不良債権処理が始まり、ベアゼロ、ボーナスカットは当たり前。出世の「第１次選抜」に漏れた多くの行員は30代でたそがれコースを歩まされ、早々に見切りをつけて退職する行員も少なくなかった。それでもいまだに、メガバンクは「バブル入行組」の処遇に手を焼いているのが実情である。

世間一般では「高年収」と思われていることが多い銀行員だが、一部の出世組を除いては周囲が思っているほどバラ色ではないというのが本当のところだ。

私がバブル時代に行員を取材したころを思い出しても、高級外車を乗り回したり、銀座で豪遊したり、都心にマンションを購入したりしている行員は皆無で、ただひたすら自分の仕事に明け暮れる働きバチ、というイメージだった。

一部には融資先から高価な腕時計をプレゼントされたり、酒席をともにして関係作りにいそしむ行員もいたと思われるが、そうした噂はすぐに人事に伝わり減点対象となることもあるため、いちどバッテンがつくと評価を取り戻せないことをよく知っている銀行員たちは、十分警戒していたのだろう。

銀行員という職業の魅力、醍醐味について考えてみると、バブル以前は「融資」という答えが多かった。

つまり銀行は有力な技術や人材を見出し、そこにお金を貸して、会社が成長したら利子としてその一部をいただく。それが社会発展、経済発展につながるという考えである。担保をもとにカネを貸すだけなら「大きな質屋」に過ぎないが、事業や人を吟味してカネを貸すことによって、サービスの生産につながり、雇用機会を生み出すという経済社会の拡大再生産に貢献できる。それが質屋や消費者金融とは違うバンカーの使命であり、存在意義であると言われてきた。

バブル時代の前までは、企業経営がおかしくなるとメーンバンクが出てきてあれこれ再建策を出したり、株主総会で総会屋がもめごとを起こしたりすると、どこからともなく銀行幹部が出てきて事態の解決を図るなど、困ったときに登場する町内会長的な役割を果たしていたことから、銀行は一般企業より一段上の存在と見られていたことは確かである。

銀行にはもともと、3つの大きな機能があった。すなわち「資金仲介」「信用創造」「決済」である。

資金仲介とは、預金を集めて企業や個人に貸し付けることで、さまざまな融資のことを指す。信用創造とは、企業に融資を行い、取引先からさらに預金を集めることで預金通貨を増やす機能。決済は銀行だけに付与された機能で、口座を利用したさまざまなサービスを利用する対価として、銀行は手数料を取る。

バブル時代以降、証券市場で資金調達ができるようになると、それまでカネを貸してもらうために銀行に頭を下げていた企業経営者たちは銀行から離れ、銀行は大きな収益源を失った。いまも銀行の生命線として残っているのは決済機能だが、かつては人間がやっていた仕事をコンピュータやＡＩで代替できるようになると、「銀行栄えて銀行員は滅ぶ」という時代になる。

銀行員の弱さのひとつは、最終的に扱う商品が「カネ」に過ぎないという点にある。モノづくりであれば、何かそこに付加価値が生まれ仕事の魅力になる可能性があるが、人のカネを動かすことによってサヤを抜くことだけが収益源になると、仕事としての魅力、誇りが色褪せるのは否めない。

かつて、住友銀行の役員までいった人物の夫人がこんなことを言っていたことがある。

「銀行では、役職が上のほうになればなるほどＯＢ会に出席する人が少なくなるのよね」

働く人間が、仕事そのものにやりがいを見出せなくなってしまうと、組織に尽くした見返り、つまり報酬や役職だけが自分を納得させる材料になってくる。人事に不満を感じながら組織を辞めると、あとは何も残らないということになりかねないのである。

安田火災海上がゴッホ「ひまわり」を購入した理由

日本が完全にバブル景気に入った１９８８年、私は特派員としてロンドン支局で働くことになった。前年の１９８７年10月19日、史上最大規模の世界的株価大暴落、いわゆる「ブラックマンデー」が起きているが、それでも金融緩和を続けていた日本はその影響を受けることなく、異常な景気膨張が続いていた。

ブラックマンデーが起きた１９８７年、安田火災海上がゴッホの名画「ひまわり」を当時の金額で53億円という破格の値段で落札した。カネ余り日本、バブルを象徴するようなこのニュースは世界的に大きく報じられたが、相場とかけ離れた金額で美術品を買い漁るのはどうかとの批判が持ち上がり、大蔵省が安田に自粛を求めて「口頭注意」するという場面もあった。

私は当時の後藤康男社長をホテルでつかまえインタビューした。

――なぜ「ひまわり」だったのですか。

「競売を主催するクリスティーズの内覧会が2月下旬に東京・銀座の画廊であり、はじめて『ひまわり』を見て感動した。この作品が描かれたころにわが社が創立したのも何かの縁、ぜひとも手に入れたい、と思った。社内で１００周年記念行事が検討されていた時期でもあり、文化に理解のある会社、というイメージアップにつながると考えた」

「この絵は7点あるゴッホの『ひまわり』の中でも最高傑作だ。晩年の充実していた時の制作で、花の数も15本ある。他はだいたい４本ぐらい。ウチがこの機会にとらな

53億円で落札されたゴッホの「ひまわり」（クリスティーズのオークション）

ければ『ひまわり』を日本に持って来るチャンスは二度とない、と義務感にもとらわれた」

——カネ持ちニッポンが世界の美術品相場を高騰させている、との批判があります。

「その批判は気にしている。しかし、明治初期、第2次大戦後日本から貴重な美術品が流出した。いま、日本が豊かになり、その逆の状況になっているわけだ。ウチが保管していれば安心ですよ。世界から日本に見に来る。『日本に安田あり』が印象付けられる。転売して利益をとろうなどと考えていない」

——それにしても53億円は高い。

「はじめは40億円ぐらいか、とも思ったが、せり上がってしまった。何がなんでも取ってくれと代理人に依頼していたこともあって決断した。当社の総資産は2兆円ある。そのうちの53億円。お客様への還元と思っている。保険加入者は約1500万人。単純に割れば1人当たり400円足らず。その程度をお返しするより、いい絵を日本で見られる方がいい、と思った。今日、大蔵省の銀行局長から口頭で厳重注意を受けたが、『目立ちすぎはいけない』ということでしょう」（朝日新聞1987年4月10日）

ゴッホの「ひまわり」は7点あり、後藤社長はそのうちの1点を、世界的な名画がなかった東郷青児美術館の「目玉」として落札したという。

しかし、花びらの数を出して「お徳感」を語る後藤社長に美術への造詣は感じられなかった。

ロンドンでブランド品を買い漁る日本人

1988年にロンドン支局へ赴任しても、日本のバブルを現地で感じることは少なくなかった。

日本からやってきた来訪者が、国内の不動産チラシを手土産に持ってくる。

「ほら、この前まで3000万円だった住宅がもう1億円になっていますよ」

その言葉を聞くと、国内に不動産を持っている特派員たちはそれだけで大儲けしたかのような気分になり、値上がりの話を肴に飲食店に繰り出すことになる。

連日のように日本の金融関係者がロンドンの一流ホテルを訪れ、転換社債の発行を発表したり、頭取の交代パーティーが開かれることもしばしばだった。参加者たちのもうひとつの目的は観光旅行や買い物である。車列を従えシェイクスピアの生家を訪ねたり、ボンドストリートでブランド品を買ったりするのだが、バーバリーやアクアスキュータムの本店に群がる日本人を見て、眉をひそめるイギリス人も多かった。

日本でも、一時期は銀座の目抜き通りで買い物をするのは中国人だらけ、という状態だったが、それと似たようなことが世界各地で起きていたわけである。現地で取材をしていると「誰か不動産を買ってくれる日本人を紹介してくれないか」と地元の人間から頼まれることがよくあった。

1989年12月29日、日経平均株価は終値で3万8915円に到達した。

「来年春にはいよいよ4万円台か」

関係者はみなそう信じていたが、90年に入ると株価は反転し下落。その年10月には2万2222円にまで暴落した。この年5月、日経が史上最大の経済事件と呼ばれた「イトマン事件」をスクープしており、バブルの終焉はもはや明らかだった。

同時期、住友銀行青葉台支店の「浮き貸し事件」が発覚する。浮き貸しとは、銀行が第三者への融資を顧客に斡旋し手数料をとる行為で、出資法で禁止されている。

青葉台支店では、株買占めなどで投資の資金を必要としていた仕手グループ・光進に銀行の客を紹介していた。光進は銀行から紹介された客からカネを借りて高い金利を払い、客は有利な貸し先を斡旋してもらった見返りに、青葉台支店に預金を預けていた。大銀行の浮き貸し事件は経営責任に発展し、磯田会長は辞任に追い込まれたが、実際のところ磯田会長を追い詰めていたのは、後にもっと大きな問題になるイトマン事件のほうだった。

私は1991年に日本に戻り、日銀記者クラブのキャップとなったが、そのときにはもう、完全に80年代のバブル時代とは景色が一変していた。

興銀相談役の引責辞任と「犯人探し」

かつて、「事件に強い」と上司に思われたことで新聞社の経済部に配属された私だったが、90年代に入ってからの取材は事件、事件の連続だった。

イトマン事件、大阪の料亭女将、尾上縫による巨額詐欺事件と東洋信用金庫の経営破綻。尾上縫の料亭は「興銀がバックにいる料亭」として有名で、事件が表面化したあとは、グループ全体で2400億円を女将に融資していた興銀に責任問題が飛び火した。

結局、この問題で当時、興銀の最高実力者として君臨していた池浦喜三郎相談役（元興銀頭取、会長）が取締役を辞任することになった。

私は当時、週刊誌『AERA』に次のような記事を書いた。この記事の情報源の1人は、後に興銀頭取に就任する西村正雄氏だった。西村氏は、安倍晋三首相の父、安倍晋太郎元外相の異父弟にあたる。

当事の興銀内部には、池浦相談役のさまざまなふるまいを問題視している行員がかなりいた。その筆頭格が西村氏だったが、実力者の池浦相談役に対しては何も言えなかったのである。


【『AERA』1991年11月5日号〈池浦相談役めぐる積年の暗闘　日本興業銀行〉】

料亭の女将・尾上縫被告への巨額融資で揺れる日本興業銀行は22日、中村金夫会長が辞任した。実力者として君臨してきた池浦喜三郎相談役が取締役を辞めることも表明した。経営責任が問われていた黒沢洋頭取だけが残る。

架空預金証書事件で 1991 年に経営破綻した東洋信用金庫（大阪）

一見不可解な「けじめ」の裏には、行内の暗闘があった。中村会長は、事件の責任を取る形で、池浦相談役を引きずり降ろしたのだ。足がかりとなったのは、ハワイのリゾート開発といわれている。

尾上事件が問題化する前から、日本興業銀行ではあるプロジェクト融資が疑問視されていた。「コオリナ・リゾート」とよばれるハワイ・オアフ島での開発計画だ。

ワイキキを上回る大規模で超高級なリゾート地域を建設する。ホノルル国際空港から車でおよそ20分、410万平方メートルの敷地に、ホテルやコンドミニアムを林立させる。この数年ブームだった日本からのハワイ投資を呼び込もうという計画である。

ところが、日本のバブル経済がしぼみ、コオリナへの投資は急速に冷え込んでしまった。総額1000億円を超えるといわれるこの計画に興銀は500億円をつぎこんでいたが、こげつきが避けられない状況となった。「高級リゾート」への夢は砕けた。興銀内には、採算へのつめを怠っていた担当者への風当たりが強まっている。

コオリナは池浦相談役の直系とされる玉置修一郎常務・業務開発部長が、積極的に推進してきた。

昨年10月、黒沢頭取はコオリナ計画を根本から見直すため、行内に業務委員会を発足させた。同委員会は、興銀に大がかりな不良融資が発生したとき設けられるのが通例となっている。委員長には池浦相談役とは一線を画す西村正雄常務が指名された。西村氏は故安倍晋太郎氏の異父弟だ。

「取引が疑問視される人物」

興銀内でコオリナ計画が疑問視されるのは、採算だけではない。

「推進している人物が、興銀がつきあうべきかどうか、疑問視される分野の人だ」

と、ある役員は指摘する。

開発主体はハワイ法人の「ウエストビーチ・エステーツ」という合弁企業。その中心人物は、ハワイ開発でしばしば名前のあがるS氏である。いわゆるコンサルタント業者だが、

「建設会社はもとより、政治家や銀行が取引したくない分野の人々まで、広く顔が利く人物」

と、興銀内ではいわれている。

就任まもない黒沢頭取が再検討を指示した時期、金融界では住友銀行のイトマン問

題が火を噴いていた。闇の勢力とつながりのある伊藤寿永光被告が住銀の磯田一郎会長（当時）にとりいって、住銀は経営中枢までおかされていた。

事業計画の縮小と同時に、S氏との接点をできるだけ少なくする、という方針が打ち出された。その矢先、玉置常務が頭取に無断で「コオリナ」への投資を勧める販売窓口会社に、役員として名を連ねていたことがわかった。

千代田区紀尾井町にあるこの会社の社長はS氏である。玉置常務はただちに、この会社の取締役を辞任した。この直後、玉置常務のもとで計画を推進していた担当行員が興銀を辞め、S氏の会社に副社長として迎えられた。

「辞めるとき、あの会社には就職しない、との約束だったのだが。深いつながりがあったのだろう」

と興銀関係者はいう。

玉置常務は8月末、業務開発部長の職を解かれた。

池浦相談役は、興銀内で時代の方向を読む力と実行力で図抜けた存在、といわれてきた。入行は1939年、官営銀行で戦時体制下の産業金融を担っていた。敗戦後、民営化し産業金融の中核的な存在まで押し上げたのは、池浦氏と、その上司にあたる中山素平氏（元頭取、現相談役）だ。

75年、頭取に就任して「大企業の銀行離れ」を感じとり、国際業務の拡大と証券業務への進出に力を注いだ。このとき重用したのが国際畑の黒沢現頭取だった。

中村氏は池浦流に抵抗できず

「できあがった事業に金を付けるのは誰でもできる。企画・立案から参画し、社会に役立つ事業を支えるのが興銀の仕事だ」

というのが池浦氏の考え方である。その関心は、産業育成、資源開発、企業の海外進出、リゾート開発へと、時代とともに変わっていった。仕事柄、途上国の要人との関係が密になり、事業を推進するためには、その地域の「顔役」と親交を深める結果となった。

そうした人物のなかに、パナマのノリエガ将軍や、海運王パオ氏、資源開発フィクサーのジョージ石山氏などがいた。国内では竹下元首相を始めとする自民党の要人や、田中清玄氏など、フィクサー的な人物と交わり、「清濁併せ飲む器量の大きな銀行家」と評価された。

こうしたやり方は、やがて違和感がもたれるようになった。

「初めはよかったが、75歳にもなり、第一線から離れると事情に疎くなる。責任がなく威光だけが残ると、池浦さんの名を借りて勝手なことをする人もでてくる」

と役員の1人はいう。

中村頭取にバトンタッチした後も、隠然たる勢力をもっていた。

「中村さんは、文句は言いつつも抵抗できなかった。ハワイのプロジェクトもそうだった」

といわれる。

池浦流に反発する人たちは、中村氏周辺に集まった。料亭を舞台にした不祥事は「池浦対中村」という対立の構図に新たな刺激を与えた。

中山素平氏らが辞任を調停

矢面に立った黒沢頭取は、池浦直系。中村会長は黒沢氏の「脇の甘さ」が、尾上被告と4度も会う失態につながった、と批判した。

だが、黒沢頭取が退陣すれば後継者を巡って行内は動揺する。後継有力者は国内営業担当で、むしろ責任を取る立場だった。

行内世論は就任1年余りの黒沢体制を支える方向に動いた。事件当時の経営責任者として、矛先を向けられた中村氏は、

「黒沢君が辞めないのになぜ」

と抵抗したが、中山素平相談役らOBが調停した。池浦氏を取締役から外すことを条件に中村氏の退陣を求めた。

行内ではコオリナが問題になっている。「池浦氏が力を残していることが興銀近代化の障害」と見る若手は中村氏周辺に少なくない。興銀のために、自らが刺し違える、という「美学」が中村氏に決断させたようだ。

黒沢頭取は、「目の上のタンコブ」になっていた中村会長が辞めることで、「池浦－黒沢ラインに興銀内の権力を集中出来る」との受け止め方がある。

世間向けの「銀行のけじめ」では、行内の事情が優先した。（記事ここまで）

この記事が出た後、興銀内部ではさっそく情報を提供した「犯人探し」が始まった。それはかなり念入りで、「朝日の山田と会っている行員リスト」が作られ、その最後のほう

に西村氏の名前もあった。だが、ここで西村氏は何とか追及を逃れ、その後頭取になっている。

私が、こうした一連の事情を本人から聞かされたのはずいぶん後になってからである。

「山田君、キミにはひとつ、貸しがあるんだよ」

「えっ、何ですか」

「昔、コオリナのことを書いたろう。あれで俺は危うくクビが飛ぶところだったんだぞ。まあ、何とかおさまったから良かったが……」

さらに後になって、私はこの西村氏とも「対決」することになるのだが、それはまた後述しよう。

「山田君を外してくれと言われていたんだ」

日銀記者クラブに配属された私は、金融機関の不良債権の実態解明もさることながら、バブル時代の乱脈な経営責任はどこにあるのかという問題意識をもって、大蔵省、日銀、金融機関を取材することになった。

90年代初頭はまだ、金融機関が連続して破綻するような緊張状態はなく、一部にはバブルの余韻が残っていた。いまは厳しいけれども、不良債権を塩漬けにしてひたすら春を待てば、この問題も自然と解消する――そんな「春待ち症候群」が業界に蔓延していた。

1992年7月、朝日新聞は三重野康日銀総裁を取材した。

当時、日銀はバブル時代から一転、公定歩合の引き下げを繰り返しており、インタビューは日銀の金利政策がもっとも注目されている時期に行われた。聞き手は朝日新聞の君和田正夫部長（現・テレビ朝日相談役）で、私も取材に同席した。

取材中、当然のことながら今後の公定歩合の引き下げ予定の有無について質問すると、三重野総裁は私のほうをみてこう答えた。

「ああ、それはもう、私に聞かなくてもそこにいる山田さんがいちばん詳しく分かっていますから……」

日銀総裁本人より詳しい記者がいるはずもないが、その点については、三重野総裁は「いまは考えていない」と答えた。

ところが取材から数日後、日銀は公定歩合の引き下げを発表した。取材時に決まっていなかったはずはないのだが、いずれにせよ私たちは本当のことを言わなかった三重野総裁に不満を感じていた。

私は君和田部長に電話した。

「三重野さんもひどいですね。部長と旧知の仲でもあるのに、水くさい。あんな言い方をして……」

するると部長はこう言った。

「いや、これはオレにではなく君に対する面当てかもしれないよ。実は、三重野総裁は前から厳しい質問をする山田を日銀担当から外してくれないかと私に言っていた。ただ、そういうことを言っちゃだめですよといって断ってきたんだ」

私が記者クラブにいないほうが、総裁は安心して会見に臨める。日銀総裁がキャップの人事に口出しすることが実際にあるんだな、と思ったことははっきりと覚えている。

―第3章―

不良債権

東洋信用金庫に運ばれた200億円

1991年、料亭の女将だった尾上縫の架空預金証書事件が発生、その預金証書を作ったのは大阪に本店があった東洋信用金庫の支店長だった。

同年8月12日夜、日銀大阪支店から密かに200億円もの現金が東洋信金の店舗に運び込まれていた。世間がお盆休みに入る翌13日に、事件を公表する記者会見が開かれることになっていたからである。すべてを発表すれば、預金者が支店に殺到するのは確実だったが、そこでもし現金が引き出せなくなればパニックが起きて不安心理が急拡大することを恐れたのである。

大蔵省と日銀は、有力銀行と合併させることでこの問題を乗り切ろうと考え、三和銀行に東洋信金救済を依頼した。このとき三和の負担を軽くする目的で発動されたのが「預金保険制度」で、三和は1992年の合併と同時に預金保険機構から200億円をもらっている。

ありえないとされてきた金融機関の実質破綻は、業界再編のスイッチを押した。すでに

１９９０年、太陽神戸銀行と三井銀行が合併し「さくら銀行」となり、１９９１年には協和銀行と埼玉銀行が合併、「協和埼玉銀行」（のち「あさひ銀行」）となって13行あった都銀は11行になっていた。

業界で当初から囁かれたのが三菱銀行と東京銀行の合併説である。行風も似通っており、不良債権が少なく財務内容も良い。外為専門銀行で金融債も発行できる東京銀行と三菱グループの中核である三菱銀行が統合されれば互いの弱点を補うスーパーバンクとして一気に他行を出し抜ける。

三菱銀行は、ことあるごとに合併説を否定してきたが、それでも「いずれは合併する」との憶測は消えなかった。

私は93年に大阪支局のデスクとして過ごした後、1年間ハーバード大学でニーマンフェロー（特別研究員）をつとめ、１９９４年の終わりに帰国し、編集委員となった。その後、大阪支局時代に知り合った三菱銀行支店の次長と再会し、近況を語り合ううちこんな話を聞いた。

「こんど、人事異動があるんですよ。ただ、もといた企画部には戻れないみたいです」

彼は頭取のスピーチライターもつとめた行内きってのエリートだったが、次に異動するのはシステムを扱う部署だという。

「どうしてエンジニアでもないあなたがコンピュータの部署に行くんですか」

「分からないんだ、それが」

「合併ということだね。システム統合には銀行業務に精通したデキる責任者が必要だ」

彼は私の言葉を否定せずこう言った。

「そう思いますか……」

三菱が合併するとすれば東銀しかない。私はそこから、独自に取材を開始した。

日経に抜かれた「三菱・東京」合併スクープ

経済記者にとって最大のスクープは倒産と経営統合である。経済の記事が新聞の1面トップにくることはそうないが、この2つで大きなスクープがあれば紙面を華々しく飾ることになる。三菱と東銀の合併を抜けば号外級だ。

ただ、三菱と東銀の合併説はずっとくすぶり続けてきた話であり、そのような重大な話が何ヵ月も前に一般行員たちに知らされるはずもない。私は中国経済を取材するチームに配属されながらも、この合併説を追い続けた。

この合併について、当事者以外で確実に全容を把握しているのは金融行政の総本山である大蔵省である。

私は財研時代から知っていた窪野鎮治銀行課長（当時）を食事に誘い出し、あたりさわりのない話をしながらも、それとなくこう当ててみた。

「ところで、三菱と東銀の話はどうなるんでしょうね」

合併するかと聞かれて「合併するよ」と答える者はいない。しかし、彼は慎重に言葉を選びながらも最後まで「それはないよ」という否定の言葉を出さなかった。しかも最後には私の目を見てこう言ったのだ。

「まあひとつ確実に言えることは、日本の銀行業界でいま、何が起きてもおかしくないということだよな……」

私はこのとき、合併が近いことを確信した。おそらく、他社も取材に動いている。これを正真正銘のスクープにするためには、どうしても当事者に確認する必要があった。

1995年3月半ば、私は夜になって三菱銀行の伊夫伎一雄会長の自宅に夜回りをかけ、呼び鈴を鳴らした。夫人が対応してくれたものの、まだ家に戻っていないという。

三菱銀行の頭取を長くつとめた伊夫伎会長は、大蔵官僚や他行の幹部にも信頼される人格者だった。

私がどんなに答えにくい質問をしても、必ず「分かりました。調べて後ほどご連絡します」と誠実に対応し、言葉通りあるときは秘書を通じて、またあるときには直接必ず返事をくれた。また決して嘘をつくことはなく、表に出したくない話については「どうかご配慮をお願いします」と申し添えるような、信義に厚い人物だった。

頭取時代、銀行内の食堂で食事をしながら伊夫伎氏に聞いたことがある。

「総会屋と三菱銀行のつながりはまだあるのですか」

すると伊夫伎氏は淡々とそれを認めた。

「ありますよ。でも、もうそうした仕事は、私の下の世代にやらせることはできない。だから私がやっているのです」

戦後の銀行界の生き証人である伊夫伎氏が「ではこのあたりで」と言えば、海千山千の総会屋も黙って引き下がる。それだけの人間力がこのバンカーにはあった。

私は時間をおいて再び自宅の呼び鈴を鳴らしたが、今度は誰も出ない。家のなかには人の気配を感じたが、仕方がないので名刺を郵便ポストに入れて残し、その場を後にした。

人望厚かった伊夫伎一雄三菱銀行元会長

それだけで用件は分かるはずだった。

3月20日、合併の件の取材を現場記者にゆだね、私は取材で中国へ渡航するため、朝から成田空港に向かっていたが、中国に着いてから東京で地下鉄サリン事件が起きたことを知った。朝日新聞の社屋は築地にあり、社内も大混乱である。

伊夫伎会長からはとうとう連絡がなかった。いつもであれば必ず電話か伝言があるのに今回に限っては何もない。

「伊夫伎さんでも答えられないことだとすると、やはり……」

私の予感は的中した。3月28日、日経が三菱と東京の対等合併をスクープしたことを私は中国で知った。中心的な取材を担ったのは、日経の大塚将司記者である。この記事で日経は95年の新聞協会賞を獲得した。

後年、大塚記者は日経の不正を内部告発し、懲戒免職される（後に処分は撤回）ことになるのだが、2003年に東京のプレスセンターで、150人ほどの記者有志が集まり励ます会が開かれた。そのとき、合併した東京三菱銀行の特別顧問となっていた伊夫伎氏が顔を出していたことを思い出す。

日経という、銀行と関係の深い新聞社と対立していた大塚氏を励ます会に、銀行の最高

1995年3月28日、合併を発表する若井恒雄
三菱銀行頭取（左）と高垣佑東京銀行頭取

幹部がやってくること自体が異例だったが、合併スクープの際には間違いなくやりとりがあったであろう大塚氏との縁を大切にする伊夫伎氏らしい振る舞いだった。

バブルで三菱銀行の傷が浅かったのは、当時頭取だった伊夫伎氏がやみくもな貸し出しにブレーキをかけていたからである。伊夫伎氏は２００９年に89歳で亡くなったが、私にとっては忘れがたいバンカーの１人である。

バブル採用行員が「不良債権」に

バブルの時代に採用された若手銀行員たちは、入行してから「バブル崩壊」という転落劇を経験することになった。預金獲得や融資といった営業マンとして前向きな仕事ができればまだ良いが、やっていることは「貸し剥がし」「貸し渋り」「債権回収」といった後ろ向きの仕事ばかり。先を見通せる優秀な人材ほど、銀行に見切りをつけ転職するのが早かった。

だが当時、行員より困っていたのは銀行経営者たちである。ただでさえ不良債権に苦しむ銀行にとって、この時期大量採用された行員たちは「もう１つの不良債権」とも言える存在になっていた。

バブル以前であれば、政府系銀行や都銀上位行では、旧帝大、早慶クラスの出身者でなければなかなか内定が出なかったが、バブル時代は六大学以下でも「名前を書けば採用」という実態があったという。急激に採用数を増やした富士銀行のリクルーターの間では志望学生を「磨く」という言葉がよく使われた。本来であれば採用されないようなレベルの学生を、最低限、面接できちんと受け答えができるまでに「磨く」わけだ。

ところが、やはりボロが出る。支店に配属されて1年もたたないうちに、本社に苦情が殺到する。顧客からではなく、支店長からだ。

「なんであんなのを採用したんだ。他のをよこしてほしい」

財務分析をしなければならない融資はおろか、銀行マンの必須作業である「書類をまとめる」ということができないため、簡単な債権回収の書類整理も任せられない。能力不足を知りながら採用に走った採用戦略の失敗は明らかだった。

銀行員の出世について、ひとつの関門となっているのは早くて30歳前後に到達する「支店長代理」だ。支店長代理といっても、副支店長や課長が上にいるので支店ナンバー2という意味ではない。この支店長代理は本部の場合だと「調査役」クラスに相当し、晴れてここに到達すると上位行では1000万円近い年収を手にする。

バブル時代の前までは、同期の大多数が、同じくらいの年齢で支店長代理や調査役に昇進していたと言われるが、バブル入行組はよくて同期の半分、そしてその上の課長（本部の場合は主任調査役）には2～3割しか出世できない状況になった。これはあくまで退社せず残っている人数に対する割合なので、入行者全体を母数とすれば割合はもっと低い。

不良債権による経営悪化でボーナスは激減し、30歳で年収1000万円どころか40歳で700万円程度の銀行員が普通になった。一般の企業と比べれば悪くはないかもしれないが、将来1500万円から2000万円を稼げる支店長になることを想像していたバブル入行組にとっては、予想だにしなかったシナリオだったことだろう。

不良債権処理を妨げる「黒い影」

いつか景気が回復し、不良債権問題は消滅する――銀行関係者のそんな淡い期待もむなしく、90年代半ばになると、もはや自力再建は不可能と見られる金融機関が続出、水面下では「危ない金融機関リスト」が出回り始めた。

1993年8月5日、阪和銀行の小山友三郎副頭取が何者かに射殺される事件が発生。事件は迷宮入りした

この当時、全国の銀行マンを震え上がらせた2つの事件があった。ひとつは1993年に起きた阪和銀行（和歌山県）副頭取射殺事件、そして1994年に起きた住友銀行名古屋支店長射殺事件である。2つの事件に共通しているのは、犯人が分からず迷宮入りしたことと、ターゲットになった銀行がいずれも暴力団がらみの不良債権を抱えていたことである。

銀行が強引に不良債権処理を進めたことによる「闇からの警告」と受け止めた関係者は多く、「命を捨ててまで取り組む仕事ではない」というムードが広まった。だが、これは暴力団の「思うツボ」だった。

「刺青OKのサウナ」となったバブル時代の金融機関は、値上がりする不動産を担保に暴力団関係の企業とも取引を広げた。しかしバブルが弾けると、ややこしい不良債権だらけが残り、回収は容易に進まない。

1995年8月に取り付け騒ぎを起こして木津信用組合（大阪府）が破綻した後、私は暴力団と金融機関について次のような記事を書いた。

【『AERA』1995年10月2日号〈闇に沈んだカネは帰らず　不良債権で肥える

暴力団〉】

木津信用組合が破綻に至る引き金を引いたのは「闇の資金」ではないか、と言われている。信用不安が広がり、預金流出が続いていた木津信組を監視していた大阪府商工部は、８月29日夕、「もはやこれまで」と業務停止命令を発動する決心をした。

最後まで大口の定期預金を預けていた２つの会社があった。合わせて３８０億円。これが29日相次いで引き出され、木津信組の息の根をとめた。この２社は、大阪市内の不動産会社の関連会社だ。この不動産会社の持つビルには暴力団事務所が入っている。この不動産会社は、銀行や住宅金融専門会社から巨額の資金を借りまくっていた。約束通りに返済が進まない「不良債権先」のひとつに数えられている。にもかかわらず関連会社に３８０億円の預金があったのだ。

「取り立てのできない貸し先が少なからずある。不良資産処理の難しさはそこにあります」破綻処理を手がけている銀行の担当者たちは口をそろえていう。「取り立てできない債権」は「借り手に返す気がないカネ」でもある。

組長がやりたい放題

「不良債権処理の最大の障害は裏世界です。これがからむと動きがとれない。ややこしくなった事案はほとんどやくざがらみとみていい」

東海総合研究所の水谷研治理事長はいう。こうした典型は、岐阜商銀だ。預金量130億円程度の小さな信用組合だったが、地元暴力団、坂広組の組長が理事に入り込み、自分が関係する企業に貸し込んだ。商銀からの融資で坂広組は不動産業に乗り出し勢力を拡大、一時は150人の組員を抱える隆盛ぶりだった。岐阜商銀の理事長は組長の言いなりになってしまった。そして乱脈融資と導入預金にのめり込む。組長の斡旋で、東京の金融会社から20億円の定期預金を受け入れた。20億円のうち16億円は、目の前で組長の会社に融資として渡った。その一部は金融会社に「手数料」として支払われた。こうしたことが繰り返され衰退していく。

警察がこの導入預金事件を摘発した後の昨年3月、岐阜商銀は経営が破綻。預金保険から25億円の援助をうけ、関西興銀が救済合併した。岐阜県はじめ地元の16銀行、大垣共立銀行などが支援に加わった。暴力団が開けた穴を、県民の税金や一般預金者が負担する預金保険のカネが埋めたのである。

踏み倒しベンツに乗る

バブル経済の渦のなかで暴力団は金融機関を侵食した。不動産業を装い、地上げで手柄をたて銀行に食い込んだ。不動産担保さえあればどこにでもカネを貸した銀行は、暴力団関係の企業にも取引を広げた。そのカネのほぼすべてが不良債権になっている。

「初めから暴力団関係と分かっていたら取引はしない。しかし、どこが暴力団と深くかかわっているか、表からは分からなかった」

銀行員たちは当時を振り返る。暴力団対策法の実施で、本業がやりにくくなった闇の世界はホワイトカラー化し、金融取引への傾斜を強めている。暴力団対策を長年やってきた弁護士は、「倒産企業に暴力団が入り込み、抵当物件の処理を邪魔し、手数料を要求するケースが最近増えている」という。

銀行は重い腰をあげ、焦げ付いている企業から貸金の取り立てを始めた。景気が回復すれば、と淡い期待を寄せていたが、地価下落とデフレムードの広がりで、これ以上先送りを続けると損害が大きくなる、と判断したからだ。

ところが、融資先企業は、担保物件の処理になかなか応じない。特にややこしいのは、経営者が代わっている場合だ。バブル全盛のころ真っ当と思って付き合っていた企業に暴力団らしい人物が出入りしている。話を聞くと、資金繰りに困ってあちこちからカネを借りまくった結果、「経営立て直し」と称して送り込まれた人物だ。

企業によっては、会社ごと転売され、その筋の人々の手に渡ってしまったものもある。こうした人物が、会社の実印を握り、担保処分に応じない、というケースが目立つ、という。

「ドスをちらつかされることもある、と聞きますが、こうした行動に出るのはまれで、だいたいは柔らかい物腰で、『カネを返す気はない。支店長と相談して出直せ』という態度です」

と関係者はいう。暴力の後ろ盾をちらつかせながら、のらりくらりと借金を踏み倒す。それでいて、今もベンツを乗りまわしている貸し先が多い、という。担保処分に同意を得るまでに「ハンコ代」や「登記書き換え手数料」を要求される。物件売却は自分たちが経営する不動産会社を通せ、という。3%の売買手数料を稼ぐのだ。

今やマフィア産業に

担保が更地の場合、その一角に屋台のようなものが立っていることもある。たこやき屋、弁当屋などの商売をしている。店の主は賃貸借契約を結んだ、と主張し、立ち退き料を要求する。債権者がカネ繰りに走るなかで、空き地を使うことに同意したためだ。マンションやオフィスビルの場合は、住人やテナントとして「占有」している。得体のしれない占有者がいる物件は、競売にかけても買い手はつかない。「むかし地上げ屋、いま占有屋」と言われている。暴力団は手口をかえて不動産を食い物にしている。

「不良資産処理は暴力団にとって大変なビジネスチャンスだ。彼らはうまい話を求めて、特定のホテルのロビーを足場に情報交換している。『ロビー外交』などと呼ばれています」

暴力団の企業活動に詳しい宮脇磊介氏（元内閣広報官）は指摘する。いまや闇の世界は、マフィア産業と呼んでいい、という。九月八日、公定歩合がまた下がった。銀行の資金調達コストを下げ、利益を膨らます「救済利下げ」ともいわれる。不況の中でも銀行は史上最高の利益をだし、これを原資に不良債権の償却をすすめる。

八千億円償却の陰で

銀行の中では住友銀行が、いち早く不良債権処理に取り組んでいる。他の銀行を尻目に95年3月期、８０００億円を償却し、赤字決算にした。８０００億円のうち１５００億円はイトマンがらみの不良債権、という。磯田一郎前会長時代に巻き込まれたイトマン事件のしがらみを一掃したい、という思いを込めた決断だった。銀行アナリストとして率直な発言をしているゴールドマン・サックス証券のデービッド・アトキンソン氏はこう指摘する。

「住友銀行が不良資産を償却した、といってもそれは帳簿上のこと。貸し先の物件を処分して損害を確定し、はじめて処理が終わった、といえる。問題は担保物件をどう処分するかだ」

住友の決断は、不良債権を処理するに当たり、８０００億円捨てる用意があります、という意思表示でもある。見方を変えれば、貸したカネのうち８０００億円は返ってこない、と腹を固めた、ということだ。これから焦げ付いている融資先と交渉して、担保を売らせ、取り立てる。そのさい取れないものは諦める、それなりの損は被りましょう、という決意だ。その陰にほくそ笑んでいる人々がいるのではないか。「返せない」「返さない」と突っ張っていた人たちである。

サラリーマンの限界

住友銀行には「融資三部」という不良債権処理の専門部隊がある。安宅産業、平和相互銀行、イトマンといった住友銀行の「触れられたくない債権」の後処理を担当してきたグループだ。平和相銀の幕引きに疑惑が浮上した竹下登蔵相（当時）がからむ金屏風事件、闇の勢力と関係をもつ伊藤寿永光氏や許永中氏のイトマンスキャンダルなどの「始末」をつけてきた。

政治家や暴力団の金融取引を見てきた歴代の融資三部長を、住友銀行は決してジャーナリズムの前に出さない。昨年9月、住友銀行名古屋支店長の畑中和文氏が自宅マンション前で射殺された。融資トラブルにからむ事件と見られるが、真相は分かっていない。それ以前にも、支店への発砲事件や頭取への脅迫状など嫌がらせが続いていた。先駆けて不良債権の処理にかかった住銀を評価する声とともに、「闇の勢力との関係を早く清算するために、償却を急いだのでは」という見方が金融界にはある。

イトマン事件は闇の勢力が金融機関を蝕んだ事件だった。バブル全盛期、ほぼすべての金融機関が、「イトマンもどき」の病原菌を取引の中に抱え込んだ。サラリーマンである銀行員に、身の危険を冒しても、資金回収に努めよ、と求めるのは厳しいことかもしれない。帳簿の上では償却が計上されている貸金を無理して取り立てることもない、という気持ちにもなる。闇の勢力はそれを待っている。総額40兆円を超える焦げ付きの処理はこれから本番を迎える。公的資金という名の税金を穴埋めに使おう、という動きもでている。暴力団が黒い口を開いて待っている。（記事ここまで）

住専問題と大蔵省バッシング

金融機関はいよいよ追い詰められ、不良債権処理の地獄はやがて大蔵省を追い詰め、銀行経営者たち個人の責任を問う流れにつながっていく。

木津信用金庫の破綻と同時期に表面化し、政治問題化したのは住宅金融専門会社、いわゆる「住専」の問題だった。

住専とは主に個人向け住宅ローンを取り扱っていたノンバンクだが、これはもともと昭和の時代に金融機関が共同出資して作られた会社で、日本住宅金融をはじめ全国に数多くあった。

1980年代に顧客の「銀行離れ」が起きてからというもの、銀行本体が住宅ローンに本腰を入れ始めたため、逆に住専は母体行の紹介を受ける形で不動産を担保とする融資を拡大した。リスクを極力減らしたい銀行は、危ない融資先をすべてこの住専に押し付けたため、バブル崩壊後に6兆4000億円もの巨額損失が発覚した。

この処理に7000億円の「公的資金」、つまり国民から徴収した税金が使われることが決まると、金融機関と住専を天下り先にしていた大蔵省に対する国民の視線は急激に厳しくなっていく。

その流れのなかで暴かれたスキャンダルが、大蔵官僚と「バブル紳士」の癒着だった。イ・アイ・イ・グループ総帥の高橋治則氏から料亭で接待を受けたり、高橋氏所有の自家用ジェットで海外に渡航していたという事実が発覚し、主計局次長をつとめた中島義雄氏や、主計局総務課長経験者の田谷廣明氏といったエリート官僚が役所を追われることになった。

バブルの後始末をつけるには、もはや巨額の公的資金注入で金融システムを支えるしかないという結論が見えてきたとき「誰がその責任を取るんだ」という批判が渦巻いた。90年代後半、銀行業界は戦後最悪の暗黒期に突入することになる。

古い世代の銀行マンにとってはいまも忘れられない、暗黒期を象徴する事件がある。それが１９９７年に弾けた第一勧業銀行の総会屋利益供与事件である。

時代の終焉を感じさせた第一勧銀・宮崎邦次会長の死

第一勧業銀行は、第一銀行と特殊銀行だった日本勧業銀行が１９７１年に合併してできた銀行である。合併行ゆえに規模は大きく、また支店網をいかして宝くじの販売業務を一手に請け負っていたことでも知られる。

Ｄ（第一）とＫ（勧銀）の経営統合には、人事面での対立などさまざまな課題があったものの、銀行へ就職を希望する学生たちの間では人気が高く、同行は私にとっても主要な取材先のひとつだった。

バブル時代に第一勧銀の頭取をつとめ、その後会長となった宮崎邦次氏に初めて会ったのは、宮崎氏が頭取に就任する半年ほど前、１９８７年のことだった。

取材を申し入れると、宮崎氏は快く応じ、内幸町の本社ビル近くにあった料理店を指定してきた。新米記者を座敷に誘う銀行幹部というのは初めてだった。

「ま、かた苦しくならずに、どうぞ……」

本人はまったく飲まないのに、さかんにビールを進めてくる。そのふるまいは、下手に出ているわけでもなく、かといって尊大な様子でもなく、ごく自然体だった。九州大学を卒業後、１９５２年に第一銀行に入行した宮崎氏は、１９７１年の「第一・勧業合併」後にＭＯＦ担となり、井上薫初代会長にその能力を買われ１９７９年、49歳の若さで取締役となった。

気配りが上手でうそがつけない。実直で人情味のある宮崎氏の人柄は行内で高く評価され、１９８８年に頭取に就任。１９８９年から2年間、全銀協会長もつとめた。

１９９０年の総選挙で、金融界が自民党（海部俊樹首相、小沢一郎幹事長）に１５０億円もの融資をしていたことが分かったとき、全銀協会長として融資のとりまとめをしていた宮崎氏に後日、取材した。

東京・三鷹市の自宅で話を聞くと、「150億円の件は、自民党会館が担保だと聞いている」と語ったが、その表情はゆがんでいた。登記簿を確認すると、やはり抵当権はついていなかった。

調整能力に長けていた宮崎氏は、総会屋対策も引き受けていた。総会屋が全盛を誇った60年代から80年代にかけ、大物フィクサーたちの「窓口係」をとつめていた宮崎氏は、銀行の表と裏を知り尽くした生き字引だった。

1997年5月、東京地検特捜部は総会屋・小池隆一に対する460億円もの利益供与を行っていた容疑で第一勧業銀行本店を家宅捜索した。事件では頭取経験者を含む幹部11人が逮捕されている。当時、ある幹部行員は私にこう語った。

「妻に言われました。もう出世しなくてもいいから、あんなことだけはしないでね、と」

問題となった融資は、利息が入って来ない「延滞融資」への「追い貸し」だった。不良債権として大蔵省に報告すると、総会屋融資がばれる。そこで金利が支払われているように見せかけるため、系列ノンバンクを通じて融資し、見かけ上、不良債権にならないようにした。

第一勧業銀行の利益供与事件で自ら命を絶った宮崎邦次元相談役

こうした操作は、実はどこの銀行でも普通に行われていた。不良債権をすべて表に出すと信用問題になる。各年度ごと、表面化する額を調整するのに、こうした操作が行われていたのである。

「飛ばし」というのもある。別の会社に融資してその資金で全額返済させる。不良債権が肩代わりされるだけだが、決算をまたぐため方便とされている。皆で渡ればこわくない、が金融界の体質だ。

前任者が融資していたものを、自分のところでやめれば、それまでの判断を否定することになるから、良くないと分かっていても総会屋とのつながりを切ることはできなかった。銀行マンの弱さが表面化した事件だった。

事件の責任を取る形で相談役を辞任した宮崎氏は97年6月29日、自宅で自殺した。残された遺書には「佐高（信＝作家）さんにほめられる銀行にしてほしい」という一節があったという。宮崎氏の死は、ひとつの時代の終焉を強く感じさせるものだった。

このときの第一勧銀は、「4人組」（そのうちの1人が作家の江上剛氏）と呼ばれた改革派行員たちの働きによって危機を乗り越えたと言われ、実際に行内で起きたドラマはさまざまな経済小説のモデルにもなっている。

相次ぐバンカーたちの自殺

1997年11月、都銀の北海道拓殖銀行と証券大手の山一證券が相次いで破綻し、長年大蔵省が維持してきた「護送船団」の時代は完全に崩壊した。

また、第一勧銀利益供与事件の捜査の過程で、特捜部は都銀や証券会社が一部の大蔵官僚を「接待漬け」にしていた実態をつかみ、大蔵官僚5人(OB)が収賄の容疑で逮捕されると、霞が関に激震が走った。

受験競争の頂点に立ち、日本を代表するエリートと言われた大蔵官僚が、毎晩料亭で芸者をあげた接待を受け、「ノーパンしゃぶしゃぶ店」に出入りしていたことが報じられると、凄まじい「大蔵省バッシング」が巻き起こり、やがてそれは政治主導の「財金分離」、つまり大蔵省解体論につながっていく。

この時期、私にとって衝撃だったのは相次ぐ知人の自殺だった。

衆議院議員の新井将敬氏(98年2月19日)、日本銀行理事の鴨志田孝之氏(98年5月2日)、そして長銀副頭取の上原隆氏(99年5月6日)、日銀出身で日債銀社長をつとめていた本間忠世氏（00年9月20日）らである。

新井将敬氏は大蔵官僚時代（銀行局課長補佐）時代からの付き合い。鴨志田氏とは、私がロンドン駐在時代に彼もロンドンに赴任していたことからともに仕事をした間柄だった。「欧州中央銀行がどこにできるか」という賭けをして、正解（フランクフルト）した私に何かをごちそうしてくれる約束はついに果たされないままに終ってしまった。

長銀の上原氏はまだ80年代、企画課長時代からの付き合いだったし、日銀出身で鴨志田氏とは同期だった本間氏とは、亡くなる数ヵ月前にも友人宅で食事をしたことがあった。

彼らが自ら命を絶った理由はさまざまだが、特に銀行員3人の場合は、経営責任を取ったというよりも、取らされたといったほうが正しい。不良債権処理の最終局面で、大きなシステムを守るために個人の命が失われたことは、あまりにも痛ましい話だった。

富士銀行行員「老夫婦殺害事件」の衝撃

バブル時代の銀行業界の、ありとあらゆる問題を象徴したような事件が起きたのは1998年。富士銀行行員による「老夫婦殺人事件」がそれである。

信用がすべての銀行員が、殺人という凶悪犯罪に手を染めた衝撃はあまりに大きかったが、当時のジャーナリズムはこの事件を大きく取り上げようとしなかった。

すでに経営統合の話があちこちで噂されていたこともあり、経済記者たちは書いても何のポイントならない殺人事件の追及よりも、ここで幹部たちから経営に関する情報を取ったほうがいいと判断したのだろう。

この事件の舞台となったのは富士銀行の春日部支店（埼玉県）である。背景を解説した当時の記事を引用してみよう。


埼玉県宮代町でマッサージ師Aさん(74)と妻のBさん(67)が自宅で絞殺された事件で、殺人の疑いで逮捕された富士銀行春日部支店行員X容疑者(31)は、Aさん夫妻から預かった約1600万円の資金を、銀行に無断で同県春日部市の運送業者への融資にあてていた疑いが、9日までの県警捜査一課と杉戸署の調べで浮かんだ。県警は、この資金の返済の見込みがなくなり、発覚するのを恐れて2人を殺害したとみている。

県警の調べでは、X容疑者は今年初め、「有利な運用法がある」などと夫妻にもちかけた。約1600万円を預かり、銀行の決裁を受けないまま運送業者の融資に回したが、焦げついたため夫妻への返済ができない状態になったという。6月、期限を過ぎても返済されないのを不審に思ったBさんに追及され、同容疑者は「待って欲しい」と説得し続けていたという。

事件があった2日、X容疑者はAさん方を訪れ、「何とかするので銀行には黙っていてほしい」と説得したが、納得させられなかったため、殺害したらしい。

この運送業者は資金繰りに困っており、担保がないのにX容疑者に「短期でいいから融資してほしい」と頼み込んでいた。X容疑者は「断り切れず、Aさんの預金を流用した」と供述している。

富士銀行によると、X容疑者は今月1日、上司に本店融資部への異動を発令された。県警は、異動後の後任者に不正融資を知られないように、夫婦を説得しようとした可能性があるとみている。

銀行を通さないこの種の融資は、出資法で禁止されている浮き貸し行為にあたる。同行によると、浮き貸しが発覚すると免職処分を受けるという。

県警の調べで、X容疑者は2日にAさん宅を訪れた際に、凶器となったひもを持参していたことが分かった。「説得できなかったら、殺すつもりだった」と供述しているといい、県警は計画的な犯行との見方を強めている。Ｘ容疑者はＢさんと話したが、話し合いがつかず、まずＢさんの背後に回って首を絞め、次に別室にいたＡさんを絞殺したとみられる。（朝日新聞１９９８年７月10日）

事件で無期懲役判決が確定したＸは、１９８９年に富士銀行に入行した、いわゆる「バブル入社組」だった。富士銀行の採用人数は85年に２４０人だったのが89年には５３０人にまで増えている。Ｘは福岡県内の私立大学体育学部（ラグビー部）を卒業したいわゆる「体育会採用」だった。

バブルが崩壊しても、全国のお年寄りにはまだ「銀行マンなら信用できる」というイメージが根強く定着している。１６００万円を預かったＸは、別の運送業者に融資しようとするが、貸し渋りで審査が通らず、浮き貸しに走った。

ところが、運送業者がカネを返せなくなったことで事態は暗転する。発覚を恐れたＸは自分のなかで問題を処理しようとして、最後は愚かな行為に走ったのだった。

銀行に食い物にされた「善良な高齢者」

この殺人事件を「個人の問題」と切り捨てるのはたやすいが、ここには注目すべきポイントがある。それはこの時期、全国で「銀行にだまされた」と被害を訴える高齢者が急増していたということである。

バブル時代以降、ノルマに追われる銀行員が狙ってカモにしたのは、金融知識のない高齢者たちだった。

人を疑わない彼らは、銀行員を信用する。その信用を悪用し、銀行はバブル時代に「フリーローン」と称するカードを使った無担保の貸し出しや、投資物件をセットにしたタイアップ融資を不動産を持つ高齢者たちに持ちかけた。

ところがバブル崩壊後、銀行は手のひらを返して不良債権処理に走る。不動産は差し押さえられたあげく、借金まで残る――そんな悲劇が日本中で続出していた。

銀行員のモラルハザードを象徴するような富士銀行行員殺人事件。当時、私は朝日新聞の記者コラム「私の見方」で次のように書いた。

【朝日新聞1998年7月15日〈銀行むしばむモラル崩壊〉】

富士銀行・春日部支店の行員が、取引先の老夫婦を殺害したとして逮捕された。銀行員の犯罪は、もう珍しくないが、ここまできたか、という暗澹たる思いにかられる。事件は、銀行の仕事の中で起きた。動機など細かな解明はこれからだが、特殊な行員の非常識な犯罪、として済ますわけにはいかない。不良債権や貸し渋り、という今の銀行が抱えている問題と無関係とは思えない。

銀行員が取引先に上がり込んで老人をあやめる。警察官が見回りに行った先で、人を殺してしまうに等しい行為である。

市民社会は小さな約束事が折り重なってできている。サラ金にはドアを閉ざしても、銀行には開かれる。富士のような「立派な銀行」では行員のモラルも高いはずだ。盗まない、ごまかさない、だから大切なカネを預ける。その了解の上に銀行の仕事は成り立ってきた。その信頼関係を銀行の側が崩している。

バブルのころ富士銀行に「しもたや作戦」と呼ばれる営業があった。老人世帯に

「相続対策」と称して多額の融資をしたのだ。バブルはじけて老人家庭が債務の重圧にあえぐ結果となった。

富士銀行だけではない。全国的な広がりを持つ変額保険の訴訟では「被害者」の多くは老人である。銀行を信用しきっている老人は、ノルマに追われる営業マンにとって、手早く業績を上げられる顧客だった。収益競争の中で高齢者をおろそかにしてきた銀行の姿勢が、今回の事件に重なって見える。

過剰な貸し出しで不良債権の山ができると、一転して銀行は「貸し渋り」に走っている。

富士は「2兆円の圧縮計画」に沿って全支店で資金回収に必死だ。かつての融資ノルマは回収ノルマに変わった。資金を引き揚げられる顧客はとまどい、怒る。まじめにお客と接してきた担当者ほど、本部の方針と客の苦情の間で板挟みになり、苦しんでいる。

捜査当局によると、老夫婦からだまし取った1600万円は、資金繰りに困った運輸業者に渡った、という。この業者は、前の担当者から引き継いだ大事な取引先だった、という。

「銀行の内外を問わず信頼厚い。おとなしく控えめで謙虚なタイプ。マイホーム型」

逮捕された行員は人事記録にはこう記されている。地方大学の出身で、愚直に仕事に取り組み、10日付で本店融資部に栄転が決まっていた。

その栄転が、事件の引き金になった。預金の不正流用が銀行に知れることを恐れた、というのが現時点での調べだ。「実直な銀行員」をここまで追い込んだのは何だったのだろう。

使い込み、横領、詐欺。銀行員が起こす事件が多発している。ひとつひとつは、特殊な行員の引き起こした異常な犯罪だが、銀行という職場で「モラルの地崩れ」が起きているように思える。

山一証券や北海道拓殖銀行を引くまでもなく、経営の失敗で犠牲になるのは現場の人たちだ。本店の意向が絶対視される閉鎖社会で、しわ寄せは懸命に仕事をする人ほど受けやすい。

手厚く保護されてきた銀行は経営の失敗が表面化しにくい。市場による淘汰が働かず、病状は内部に広がる。

兆円単位の不良債権が発生してもだれも責任をとらない、都合のいい数字を発表して実態を隠す、強い者とは癒着し弱者は見捨てる――。そういう経営モラルの崩壊が、不正につながる芽を早めに摘む、という基本をおろそかにしてこなかったか。頭取がきちんと釈明しないのが不思議である。(記事ここまで)

このとき、富士銀行は会長以下全取締役を減俸処分としたが、まともな記者会見を開くことなく、説明責任を十分に果たさなかった。行員が銀行の信用を悪用して殺人事件を起こしたのだから、頭取の辞任に値する事件である。銀行経営者たちの「自らに甘い」感覚は最後まで変わらなかったように思う。

社会問題化した「銀行被害者」たちの実態

富士銀行行員による殺人事件が起きたころ、日本では銀行の不良債権回収による中小企業の倒産や自己破産が社会問題化するようになった。

バブル時代、貸し出し競争に明け暮れた銀行マンたちの言葉を信用して大金を借りた人たちが、その後株や不動産などの資産デフレに見舞われたりしたことから返済できなくなるケースが相次いだのである。

バブル最盛期の１９８９年、国内の自己破産申し立て件数は９１９０件だったが、バブル崩壊後に急増し、１９９７年には7万１２９９件にまで増加した。その多くは高齢者だ。当時、こうした「銀行被害者」の実態を取材して記事にすると大きな反響があった。みな銀行の無慈悲な回収に苦しんでいたのである。

１９９６年には「銀行の貸し手責任を問う会」が発足したが、当時はまだインターネットも普及しておらず、被害者たちの連帯や情報共有は限定的なところにとどまっていた。

バブル時代、銀行の融資目標は急上昇し、営業マンは貸すか、貸さないかではなく「どう貸せるか」を考えた。

返済できるか、担保はあるか、銀行は有利かといった融資の原則は無視され、フリーローンと呼ばれる使途を問わない融資が始まる。２００坪の土地を持っていた70歳の女性にマンション建設を勧め5億５０００万円を貸したり、変額保険や投資物件を「必ず儲かりますから」「相続税対策になる」などと勧め、知識のない高齢者がノルマ達成のための標的にされた。

「契約した側も責任があるのではないか」という意見もあったが、取材をしていくと、銀行員がほとんど詐欺のような説明をして、まったく生活に困っていない人々を狙い撃ちしていたことが分かった。消費者金融の場合は自分自身が店を訪れることから借金地獄が始まるが、銀行被害は「押し売り」から始まり、被害者は資産を持っているだけに失う金額が大きい。

顧客の破産などおかまいなしに債権回収に走る銀行は、バブル時代にカネを貸した直接の担当者を「転勤」「退職」などと説明し、決して連絡を取らせない。当時私が取材したいくつかの実例を紹介しよう。

「死ねと言われているようなものです」

「この家も、来月には競売にかけられます。身ぐるみはがされ、死ねといわれているようなもの……」

東京・杉並の閑静な住宅地、300坪余りの敷地に立つ自宅で、当時82歳の女性A子さんは途方に暮れていた。

ことの始まりは7年前のオーストラリア行きだった。東海銀行下高井戸支店が段取りし、東京営業情報部の担当者が現地で迎えた。ブリスベーンに連れていかれ、3階建てのビルを見せられた。「オーストラリアは治安がいい」「資金の面倒は東海がみます。返済は家賃の収入で十分できる」などといわれ、英文の書類にサインをさせられた。

「家族に英語が分かるものはいません。国内のアパート経営だって難しいのに、オーストラリアのビルなど考えたことはなかった。相続対策といわれ、分からないままサインした」（A子さん）

その直後、4億6000万円余りが東海銀行から銀行口座に振り込まれ、すぐに引き落とされた。

同居する長女夫婦は、東海銀行系列のセントラルリースからニューヨークの広告塔への出資を誘われた。銀行の下高井戸支店次長が勧めた。広告主は80％決まっている、間違いなく儲かる、という話に乗って2億1000万円を借りた。

ところがビルは1年足らずでテナントが出てしまい、賃料が途絶えた。広告塔は現地の会社が倒産し、2億円が消えた。東海銀行に掛け合ったが、あっせんした行員は次々に転勤し、借金だけ残った。

担当者と話したい、と頼んでも断られ、岐阜県にある西垣覚頭取の自宅に直訴し、頭取夫人に窮状を訴える手紙を託した。

返事の代わりに送られてきたのが、収入源であるスーパーの賃料の差し押さえと、自宅、事務所、別荘の競売通告だった。

東京都世田谷区の男性Bさん（当時76歳）は1988年、ホテルの区分所有を勧められた。五輪建設という知らない業者だった。年金生活に入ったばかり、70歳の妻は病気がちで、相続対策といわれて気持ちが動いた。1口800万円で、10年後には1120万円で買い戻す、という話はうますぎるように思えた。

銀行が保証しているから、と埼玉銀行（当時）の麹町支店に連れていかれた。2階の応接間で、支店の営業課長が待っていた。Bさん名義の預金通帳ができていた。預金額はゼロで、2日前の日付が打たれていた。

「埼玉銀行が付いているから大丈夫。10年後の買い戻しは心配ない」

「私も東京に家があったら買いたいぐらいだ。いま乗らなかったら後悔しますよ」

課長は積極的に勧めた。いぶかしく思ったが、銀行の人がそう言うのなら、と思い、勢いに押され判を渡した。

44口、3億5200万円の投資になり、自宅を担保に金利を上乗せした融資契約が同時に結ばれた。Bさんの妻は、足が震えた。帰って夫婦で話し合い、翌日、Bさんが電話で「契約を取り消したい」と頼んだが、取り合ってもらえなかった。

その後営業課長は転勤し、架空預金事件を起こして逮捕された。五輪建設は92年に倒産、10年後の買い戻しは不可能になった。合併で埼玉銀行はあさひ銀行になり、麹町支店は閉鎖された。五輪建設の被害者たちには95年、自宅など担保物件の競売通知があさひ銀行から届いた。

これらの例に共通するのは、「まさか銀行員がウソをつくはずがない」という高齢者たちの心理と、結果を出すためだったらどんな無茶でも平気でやるという「悪質銀行員」の存在である。

むき出しになった銀行の「本性」

もう2つばかり、実例を紹介しよう。

神奈川県・川崎市の53歳女性、C子さんのもとに1989年、「財務アドバイサー」を名乗る安田信託銀行溝の口支店の副支店長がやってきた。

「溝の口の土地を立体駐車場にしたらどうですか」。業者を連れてきて、車庫法が改正になり駐車場は儲かる、風俗店が多いから月4万5000円で68台は楽に確保できる、などと勧めた。

青空駐車場で十分、と答えたが、「相続対策には借金が必要」と、2億4000万円の事業を提案された。業者が「賃料保証」を付けるというので合意した。

金利込みで2億6600万円を支払い、できあがったが入る車はない。料金を1万円値下げしても15台だけ。賃料保証は3カ月で打ち切られ、業者は倒産した。

調べてみると、安田信託が「信頼できる」といっていた業者は設立したばかりの会社で、立体駐車場は初めて。工事は第三者に丸投げされ、工事代金もきちんと払われていなかった。しかも工事代金から620万円が安田信託に「企画料」として払われていた。その後、駐車場は競売にかけられた。

東京・成城の74歳女性、D子さんは、横浜銀行下北沢支店に勧められ明治生命のダイナミック保険に入った。いっしょに来た公認会計士がパンフレットを見せ、「相続税は驚くほど高額になる。この保険は相続対策になる」と説明した。

横浜銀行は、保険料の支払いに「フリーローン」と呼ばれる大型カードローンを勧めた。自宅に3億円の根抵当権を付け、2億7000万円まで自由に使える消費者ローンで、当時全国で約100万人が銀行の勧めで大型フリーローンを組んだ。その枠のなかで保険料として1億3000万円の融資を受けた。

6歳で父を失い、5人の子供を女手一つで育てた母親をみとって、やっと静かに暮らせるようになったころだった。気がかりだった相続問題も手が打てた、と思った。ところが1年後、「保険契約のお知らせ」を開くと「▲」がついた数字がずらっと並んでいた。問い合わせると「このままでは保険の原資がどんどん減る」「解約しても9000万円にしかならない」。相続対策にするなら、契約者貸し付けという制度を使って目減りを補填するよう、言われた。翌年、借金がどんどん膨らんでいることを知らされた。加入していたのは、銀行と生保による「融資一体型」の変額保険であることに気づいた。株価の下落で保険の原資はどんどん目減りし、借金は雪だるま式に膨らみ、2億円を超えた。

これらの「銀行被害者」たちはその後いったいどうなったのか。裁判になったケースも多いが借り手の勝訴率は1%程度だ。裁判の事実認定は証拠の世界であり、銀行は印鑑の

銀行の貸し手責任を追及する「変額保険」被害者

押された契約書を出せばよいが、被害者はだまされた証拠となる録音やメモを保存していない。

ゼネコンなどの不良債権は放棄し、自身は公的資金の注入を受けながら、身勝手な押し売りによって苦しむ個人には容赦ない債権回収をかける。銀行の「本性」がむき出しになったとき、多くの行員が業界を去った。銀行の苛烈な債権回収は多くの人の人生を狂わせると同時に、心ある銀行マンの人生をも変えることになったのである。

整理回収機構からの「謝罪要求」

不良債権回収で借り手を追い詰めたのは銀行ばかりではない。住専などの債権回収会社を引きつぎ１９９９年に発足した整理回収機構（ＲＣＣ）もまた、銀行と連動する形で中小企業の経営者や個人を破産に追い込んだ。

銀行からややこしい不良債権を安価で買い取り、それを転売したのが整理回収機構だ。設立から２００６年までの７年間で元本４兆４６０億円の債権を１割未満の３５５７億円で買い入れ、それを売って１７４７億円の差益を得た。その利益は国庫に入っている。

栃木県日光市のある温泉街では、足利銀行の不良債権処理のあおりを受け、老舗旅館・ホテル10軒のうち7軒の所有者が変わった。旅館の食材をおさめる業者が語った「破産で業者の債権を帳消しにして、自分だけうまい汁を吸う。まるでハゲタカです」とのコメントを私が記事で紹介したところ、整理回収機構から謝罪を求める抗議を受けたこともあったが、社外委員で構成される「報道と人権委員会」は整理回収機構に対する謝罪等の信用回復措置を認めなかった。

整理回収機構の立場からすれば、「自分たちの行為に違法性はなく、記事は裁判所の執行を妨げる人間の擁護する内容である」となるのだろう。しかし、それはあまりに欺瞞に満ちた主張であった。

当時、整理回収機構の取り立て問題は国会でも取り上げられており、「儲かるのは外資だけではないか」という批判がいたるところに渦巻いていた。誰よりもそのことを知っていたのは、整理回収機構と銀行であっただろう。

第4章

メガバンクの誕生

「日本版ビッグバン」の到来

1997年の流行語大賞トップ10のなかに「日本版ビッグバン」という言葉が入った。イギリスで80年代後半の起きた金融改革が「ビッグバン」と呼ばれていたことを踏まえ、頭に「日本版」がついた。

護送船団の時代は終わり、規制緩和と制度改革によって、より自由な競争原理が導入されることになり、生き残りと経営効果改善を狙って銀行の経営統合ラッシュが始まった。現在、メガバンクは日本に3行（三菱ＵＦＪ、みずほ、三井住友）あり、それにりそな銀行を加えた4大銀行のなかに、昭和時代の都銀13行および興銀がすべて統合された格好だ。長銀と日債銀もそれぞれ新生銀行、あおぞら銀行という普通銀行になり、新たなスタートを切った。

だが、この再編の過程で若手を中心に多くの人材が先行きに失望し、外資や他業界に流出したのも事実である。そこには経営統合の「組み合わせ」が大きく関係している。

能力のある金融マンは、コーポレートファイナンスや国際業務、デリバティブ、Ｍ＆Ａ

など華やかな業務を志向することが多いが、リテール（個人など小口の業務）を中心とする地域の土着金融を重視する銀行との「結婚」が決まってしまうと、彼らは失望し、会社を去るのである。

もっともそれが顕著だったのは興銀だ。もともと、都銀より格上とのプライドを持っていた興銀マンだが、当時は統合委員会の要職にいた若手が辞めてモルガン・スタンレーに移ったり、中枢部門である総合企画部のエリートが外資に転出するといった話を頻繁に聞かされた。楽天創業者の三木谷浩史氏は、88年に興銀に入行しているが、海外留学、MBAを取得した後の95年に退社し、起業している。

なぜ大蔵官僚の「絵画疑惑」を書いたか

私は編集委員になってからというもの、日々のニュースを追いかける特ダネよりも、解説、論評を主とした記事を出すようになった。

財研や日銀記者クラブに所属する記者は、取材相手との関係からなかなか思い切った記事を書きにくい。相手に警戒心を与えれば情報は入ってこなくなる。批判はほどほどにするというのが大半のクラブ記者のバランス感覚である。

記者クラブに属していないと、それなりに自由度は増す。もちろん、記事を採用するかどうかはデスクや部長に決定権があるから、何でも書けるわけではないのだが、現場の記者が書きたくても書けないような内容が、自分の役回りだとも思っていた。

一度、このようなことがあった。大蔵官僚の接待汚職事件で、涌井洋治主計局長（当時）が、「ナニワのタニマチ」こと泉井純一・泉井石油商会元代表（脱税容疑で懲役2年の実刑判決が確定）から官房長時代にシャガールの銅版画（20万円相当）を受け取っていたことを書いた。

涌井氏はこのままいけば間違いなく事務次官に昇格するはずだったが、この問題が大きくなって辞任し、その後ＪＴに天下りしている。このとき、涌井氏が絵画を貰っていたことを知っていたのは私だけでなかった。しかし、財研記者はそれを書けない。社内の同僚からも言われた。

「手厳しいな。そこまで書きますか……」

だが、私は書くべきだと思った。大蔵省内にもその話を知る人はいて、疑問に思っていたからである。

実は、１９９５年の「中島・田谷事件」を受けて、大蔵省は職員に改めて「今後、関係先からいかなる金品も受け取ったりしてはならない」という通達を出していた。以前であれば、軽微なやりとりであれば、仮に発覚しても注意されることすらなかったが、これだけ世間から批判を浴びている以上、襟を正さなければならないという趣旨である。

その通達後、ある課長補佐が生命保険会社から携帯電話を提供されていることが発覚し、大蔵省は通達に違反したとしてその課長補佐を処分していたのである。

一般の職員は処分されているのに、局長級の涌井氏が「お咎めなし」でいいのか。しかも泉井氏は絵画を送る直前に大蔵省と直結する国税庁の査察を受けていた身で、涌井氏は次官就任が確実視されていたという状況である。記事の背景には「これでは示しがつかない」と嘆く大蔵省内部の声があったわけである。

大蔵省や銀行幹部からすれば、私は相当目障りな存在だったと思うが、それでも聞かなければならないこと、書かなければならないことはある。そのもうひとつの例が、２０００年に経営統合を発表したみずほ銀行に関する記事だった。

「今日は何でも聞いてくれ」

第一勧銀、富士、興銀の3行が共同持ち株会社の設立と経営統合計画を正式に発表したのは1999年8月20日のことである。

金融ビッグバンを象徴するこのニュースはその前日に世界をかけめぐり、また銀行名がどのような名前になるのかにも注目が集まった。

その後、統合関連の会見が何度かあったが、私はある日の会見前に興銀の西村正雄頭取に呼ばれた。西村氏にはこれまでも、興銀内部に潜むさまざまな問題点を取材してきた。

「山田君、今日は何でも聞いてくれ」

「どういうことですか」

「経営統合の会見では、いろいろ質問が出るだろう。それに備え君を相手にリハーサルだよ」

うるさく質問するのは確かに私くらいだったかもしれないが、多くのジャーナリストがスーパーメガバンク誕生のニュースを「夢の3行統合」と受け止めているわけでないことは確かだった。

私は翌日の新聞で「夢ほど甘くはない」と題する記事を書き、西村頭取の「リクエスト」に答えた。

【朝日新聞1999年8月21日〈夢ほど甘くはない　一勧・富士・興銀事業統合〉】

瀬戸際の銀行が選んだ「合体」である。第一勧業、富士、日本興業3行の業務の統合にはそれなりの効果はあるだろう。人材や知恵を集中し、店舗や組織のリストラ効果が出るだろう。情報化投資も大規模にできる。危機をバネに一歩を踏み出した決断は評価できる。だが合体すれば安心、というほど状況は甘くはない。

日本の銀行の歴史は、合併の歴史でもあった。護送船団行政で同じ商品を扱っていたころは、規模が収益につながった。頭取は合併を考えるのが仕事、とさえ言われた。この風潮は、金融自由化、ビッグバンで変わった。

金融技術や商品、サービスで競争する時代である。量ではなく、他の銀行との差別化が大事になった。

３行を含め、日本の銀行の弱点は、規模ではなかったはずだ。リスク管理ができない、責任体制があいまい、先端的金融商品に疎い、国際競争力がない、などが問題なのだ。規模は大きいが、中身はうすく収益力もない「ウドの大木」というのが国際評価である。

提携する３行は、高い知名度とは裏腹に、経営状態は厳しい。金融当局が内々に収益力を３段階に分けたところ、いずれもＢグループだった。

３行は、各行の機能を「横に再編」し、個人顧客向け、企業向け、さらに高度な金融技術・商品を提供する投資銀行を築く絵を描いている。

ただ、３行とも不良債権の重荷を背負い、金融技術の面でも欧米の銀行に差をつけられているのが現状だ。１を３つ合わせても３や５になるとはかぎらない。逆に２にとどまる不安はないか。

異質なものを取り入れてこそハイブリッド効果が期待できる。情報産業や資金力のある自動車、商社など異業種、特色を持つ強い外資と組む選択もあったのではないか。３行の頭取が述べた「将来のバラ色の夢」が実現できなければ、とりあえず巨大な金融グループを作った、ということだけに終わる。再び金融不安が高まれば、それごと押し流される危険すらある。

世界では国境を越える大型再編が既に始まっている。シティバンクとトラベラーズの合併には、世界的な規模で小口金融を展開するという戦略がある。欧州で起きている大銀行と投資銀行の合併・買収は資金力と金融技術の融合だ。限られた人材と資金を自分の得意分野に投入する「選別と集中」がキーワードになっている。日本の金融界がやっと気づいたいま、世界の主要金融機関ははるか遠くに行ってしまった。

３行がライバル視する欧米の主要銀行から「弱者連合」とやゆされようと、座り込んだままでは何も始まらないのも事実だ。情報システム投資の大幅増など、21世紀に向けた戦略の芽もある。

今、日本の銀行が問われているのは、それぞれが自分の得意技は何か、はっきり定めることである。よそより優れた技を持ち寄らない限り、強い銀行にはならないし、顧客に喜ばれるサービスを提供できない。（記事ここまで）

これだけ大きな銀行が経営統合するには、行風の違いを考えても、人事やシステムを融和するのに大変な労力がかかることが予想された。私が指摘した課題はごく一般論に過ぎなかったが、3行の経営陣にとって愉快な内容ではなかっただろう。

経営責任を追及しない記者たち

経営統合が正式発表された約4ヵ月後の99年12月22日、改めて記者会見が開かれ、新たな金融グループの名称が「みずほフィナンシャルグループ」に決まったことが発表された。「みずほ」とは日本という国の美称でもあり、グローバル化する金融市場に対し、日本の銀行の代表として宣戦布告する意思が感じられた。

第一勧業銀行の大講堂で行われた記者会見には大勢の記者が詰めかけたが、私はひたすらの聞き役に回っていて、自分が質問するつもりはまったくなかった。

しかし、記者の質疑応答ではシステム統合の方向性やIT投資の振り分け、満期を迎える郵便貯金についての対策など、スキームに関する内容ばかりで、引き続きみずほの経営陣に入るという興銀の西村正雄頭取、一勧の杉田力之頭取、富士の山本恵朗頭取について、これまでの「経営責任」についてどう考えているのか、問いただすような記者は誰もいなかった。

もともと今回の経営統合は、資本注入による救済措置があっての前提で成り立っているものであり、それぞれの頭取はバブル時代の「ツケ」を解消できないまま、新たな金融グループの経営に携わろうとしている。そこに「けじめ」というものがなくていいのかという考えは、多くの国民が抱いていた疑問だった。

私はこの記者会見があった同じ99年の3月決算時、公的資金注入を受ける銀行が配当を続けているのはおかしいという趣旨のコラムを書いた。


西友が2期連続の赤字となって、無配に転落した。西友ストアは黒字だが、系列ノンバンクの不良債権270億円を肩代わりしたためだ。厳しい対応を迫ったのは、メーンバンクの第一勧業銀行だった。

その第一勧銀は、3期連続の赤字になる。9700億円の不良債権を処理するためだ。減配はするが6円配当を確保する。「安定配当が基本」だそうで、配当金の総額は約150億円にのぼる。その一方で、公的資金9000億円を申請する。

三井信託銀行は2月末、決算の下方修正を発表した。不良債権を3900億円処理し、経常利益は１８００億円の赤字。それでも5円配当は継続する。

経営不安説から昨年末、株価が急落した銀行である。単独で生き残るのは難しく、中央信託銀行と合併を目指すという。配当ができる経営状態なのか、疑わしい。日本長期信用銀行も日本債券信用銀行も、直前まで配当していた。

大手銀行は3月期、軒並み赤字決算だ。無配は東京三菱銀行の庇護下にある日本信託銀行と、富士銀行が責任を持つことになった安田信託銀行だけ。「不良債権の処理は一時的な要因だから」と、どこの銀行も配当を正当化する。

一方で、大手15行は近く、公的資金の注入を受ける。不良債権処理によって食いつぶされた資本を補うためだ。税金で資本不足を解消するなどというのは「超異常事態」である。配当を続けるのは、公的資金の株主へのたれ流しにならないか。

銀行が安定配当にこだわるのは、頭取のいすが脅かされるからではないか。無配にすると株の持ち合いをしている仲間の企業に迷惑をかける。銀行の依頼で融資を受け、その銀行の増資を引き受けた企業は、金利分を丸々負担させられることになる。仲間への背信行為となり、進退問題に波及する。

赤字決算はテストでいえば零点だが、無配は通信簿の「1」あるいは落第を意味する、と金融界ではいわれる。

金融再生委員会と金融監督庁の奮闘ぶりが目立っている。接待スキャンダルで、金融界べッタリだった一部の大蔵官僚がこれらの新組織に移れなかったこともあり、過去のしがらみにとらわれない担当者が果敢な判断をするようになった。引当金の積み増しやリストラを厳しく迫るなど、銀行をぎゅうぎゅう言わせている。拍手を送りたいが、行政権限がどんどん強まっていることが気になる。

役所の行政指導はやめるはずだったのが、今や指導どころか命令に近い。「税金を入れるのだから、やることはやってもらわなければ」「そうでもしないと銀行はやらない」という指摘は理解できる。現時点では、厳しい指導があっていい。

だが本来は、銀行の経営改革は自助努力で進める、というのが筋である。経営者の腰が重ければ、シリをたたくのは株主の役割だ。怠慢な経営者は首をすげ替えるくらいでなければ、株主の権利は守れない。

株式の持ち合いという「お友達の輪」でかばいあい、配当という鼻薬で責任追及を回避する。そんな構造が、経営の緊張感を弛緩させ、問題を先送りし、税金に手をつけるまでの事態を招いた。

税金を使うなら、配当はやめるべきだ。経営を放置した株主も損害をかぶるのは仕方ない。無配になれば、経営責任は一層明確になる。株主訴訟も増えるだろう。公的資金は、銀行を中心とした「ムラ社会」で始末がつかなかったことのあかしである。ならばムラの慣習はやめてもらおう。納税者の論理に照らせば、配当は不当である。（朝日新聞 1999年3月1日）

もし、私がこの会見を見ている国民だったら「新聞記者はもっと、これまでの経営責任について聞けよ」と怒りたくなるだろう。私は「ではこれが最後の質問、希望する方どうぞ」という声につられて手を挙げたが、他にも挙手していた記者がいたのに、なぜか私が指名されてしまった。

これも何かのめぐり合わせだと思い、私は質問することにした。実はこのときのやりとりが、後に刊行された高杉良の小説『銀行大統合』（講談社文庫）のなかに登場する。小説といっても、登場人物はみな実名で、体裁はノンフィクションだ。みずほ側から資料をもらって忠実に書き起こしてあるようなので、それを引用する形でやりとりを再現してみよう。

1999年12月22日、新グループ名「みずほ」を発表した山本恵朗富士銀行頭取（左）、杉田力之第一勧銀頭取（中）、西村正雄興銀頭取（右）

高杉良の小説に登場した「場所柄をわきまえない」質問

記者会見で、壇上の3行の頭取に対しいろいろな質問が出た後、私が質問する場面は、小説で次のように書かれている。

最後に一般紙の記者が質問に立った。

「代表取締役6人の中に3人の方がいるが、適格性と正当性について説明して欲しい。みずほ銀行が誕生した勢いは一種の金融革命で、新しい時代に金融のあり方が問われ、新しいビジネスが始まろうとしている。皆さんはそれなりの力を持っているが、古い時代の銀行を背負ってきた方で、古い時代の銀行は失敗した。かつては公的資金をもらったら経営者が首を差し出すという原則があったと思う。新しい時代の新しい銀行になっていくときに皆さんがCEOとして存在することに、どのような正当性と適格性があるのか。ほかに人はいないのか。世の中に分かりやすく説明してもらいたい」

質問者は山田厚史という朝日新聞の編集委員だった。場所柄をわきまえないというべきか、意表を衝いたというべきか、突拍子もない質問に、違和感をもった記者もいたかも知れない。

西村に至っては、不快感を露にし、ズボンのポケットに手を突っ込んで、質問者を終始睨み付けていた。

西村がじりじりした思いを言葉に出して、皮肉まじりに早口で答えた。

「公的資金という言葉が出ておりますが、山田さんは大変なベテランでいらっしゃいますから、私から申し上げることもありませんけれども、よくこの公的資金が税金と混同されて論じられていることがあるんですね。早期健全化法に基づく25兆円というのは、これは税金ではないわけであります。税金であればもらいっ放しでありますけれども、われわれが資本注入を得ておりますのは、これはきちっと金利配当をお払いして、それからきちっとお返しするわけですね。今度の統合によっても、その公的資金の返済をなるべく前倒しでやるという方針でございますので、税金といわばファイナンス的な、言ってみればこれは信用収縮対策として早期健全化法が施行されたわけですね。

それで、ベテランに対して申し訳ありませんけれども、よく銀行が泣きついてやっただなんていう説がありますが、これはそうではなくて、昨年の10月4日のG7の共同声明をごらんいただくとわかります。あのとき、金融国会で、その前の12兆円が否定されましたときに、G7は健全な銀行に対してなるべく早く公的支援の必要な措置をとれという声明を、日本政府に出したわけです。それぐらい昨年の9月、10月は世界的な金融危機のなかにあった。

私は、だから当たり前なんだと言っているわけではありません。少なくとも税金とは混同していただきたくないということを最初に申し上げておきます。これは、しかも、国にとってはいいレートでありますし、株が上がれば、それはいい投資になるわけでもありまして、かつての30年代のアメリカでもそういうことがあったわけでありますから、普通のもらいっ放しの税金とは全く性格が違う。これは1つのファイナンスと一緒だと。こういう前提で考えていただきたいということが第一点です。

それから適格性につきましては、これは私どもがお答えすべき話ではなくて、第三者の方が判断していただく話だと思いますので、私から自分のことはお答えはできません」

「場所柄をわきまえない」というのはおそらく多くの記者もそう思ったことだろう。私は若いころから「会見の場は議論するところじゃない」と上から注意されることがあったのだが、その一方で「君のような記者も必要だ」と言ってくれる同僚も多く、「場所柄をわきまえない」こともときには必用だと思って仕事をしてきた。

このとき興銀の西村頭取は、「公的資金と税金は違う」と言っているが、その論理は「きちんと利子をつけて返すのだから、貰うわけじゃない」と言っているだけである。それなら市場で資金を調達し、自力で再建すればよかったわけで、それができなかったから公的資金を頼った。また、返すというのはあくまでその時点では目標であり、本当に返せるかどうかも分からない。要するに、詭弁である。

「コメ銀行」記事の波紋

小説では次のように続いていく。

続いて杉田が厳しい表情で答えた。

「バブルが生成された過程、責任がどこにあるかについては諸説があり、いろいろ議論もあります。私もよく存じませんが、いろんな原因が総合的になされて、繰り返しなされて生成されたというふうに思っております。それが崩壊いたしまして、その過程で多くの金融機関が不良債権を抱える状況になったということでございます。

その融資の規範とか、銀行のビヘイビアのなかにはもちろんいろいろと批判を浴びる点もあったかと思いますが、いずれにいたしましてもバブルが崩壊する過程で不良債権を抱え、経済全体が金融のシステミックリスクから来る閉塞状態に陥っており、ここ数年来、日本の金融機関は内外の信頼を大きく失墜させてきたということは事実だろうと思います。

金融システムの安定化を図るために、昨年の秋に金融2法が成立いたしまして、9月までに19行に17兆7900億円という公的資金が入ったことは事実でございまして、その結果、金融システムの安定化が図られ、各金融機関が今後はきちっとした金融仲介、資金仲介機能を果たしていくということが求められております。

そういうなかで、われわれとしては金融機関の一角を占める者として、これからはそういうことできちっと金融機能を果たしていくという覚悟ではおります。

適格性の問題については、西村頭取のお話にもございましたが、みずから不適格であるというふうには任じておりません。私としましてはこの事態を脱却すべく、また、この3行統合の事業をきちっと成功させて、しっかりした金融機関をつくっていくということが私の責務であるというふうに思っておりますし、そういう意味ではいささかも適格性を欠いているとは思っておりません」

山本に移る前に、西村が割り込んだ。

「ちょっと誤解のないように申し上げておきますけれども、私は公的資金が入りましたあとの金融再生委員会の記者会見で、公的資金の導入については極めて重く受け止めますということを申し上げた上で、これにつきましてはなるべく早い機会にお国に有利な条件でお返しするように懸命な努力をしたいということを申し上げたわけでありります。したがいまして、この問題というのは、われわれの責務としても、なるべく早く利益を上げて、これをお返しするということが必要であると思っております。

しかしながら、これによって少なくとも金融システムが安定し、信用収縮が終わり、それで景気が回復に向かい、株価が上がったと、こういう効果ということをどういうふうにお考えになっているのでしょうか。金融システムが崩壊したために97年度、98年度といったような経済の大不況があり、この公的資金の注入によって金融システムが安定して、景気が回復してきました。今年の経済企画庁の経済白書にもありますように、日本はこういった問題を先送りし過ぎたという反省もあるということを申し上げておきたいと思います」

山本は苦笑しいしい「ひと言だけ」と断って、話した。

「公的資金の問題は、私は借りているお金を1日も早くお返ししたいということを前の記者会見でも申し上げましたが、そういう気持ちで頑張りたいと思っております。

経営者としての適格性は、山田さんの場合は倫理的な側面でおっしゃっていますが、いまこの時期を金融機関は先ほど申し上げたような状況のなかで、どうやって軌道に乗せていくのか、それの一番大きなことはスピード、変革の気概であります。そういう点で私はこの3年間、先頭に立ってやってまいりまして、それなりの成果を上げ得たというふうに思っております。

ほかにいないわけではないだろう、早く代われという意見に対しては、経営者は常に後継者を育てるということに重要な責任があります。その点は抜かりなくやっているつもりでございます」

途中、西村頭取が「公的資金は早く返したい」と再び弁明しているが、これは最初のコメント後に興銀の広報から「さきほどのコメントはまずい」とのメモが入ったからである。「公的資金は税金と違うので問題ない」と言い張れば、そこをメディアに大きく報道されて、せっかくの「みずほ誕生会見」に水を差すことになる。また、大蔵省に対しても不信感を与えかねない。

私は社に戻り、次のような記事を書いた。

２０００年、日本に誕生する世界最大級の金融グループの名前が「みずほ」に決まった。

瑞穂とはイネの実り、主食のコメである。

「日本の銀行はコメと同じ」という指摘があった。日本のコメは、国際市場で競争力はない。銀行に限らず、閉鎖市場・日本で生きてきた産業の象徴でもある。

その「コメ銀行」が、世界で始まった金融革命に乗り遅れまいと動き出し、その先頭を切ったのが、「3行統合」だった。

「コメ銀行」の特徴は経営者へのチェックが働かないことだ。「みずほ」を統括する持ち株会社の代表取締役には、3行の頭取・副頭取が横滑りし、興銀の西村頭取と富士の山本頭取は会長、第一勧銀の杉田頭取は社長になる。有能な人たちだが、護送船団の時代に活躍し、経営失敗の一端を担った人たちだ。

金融が電子化し、インターネット取引やハイテク金融商品が銀行の姿を変えつつある今日、過去の成功体験は、発想の転換を邪魔するだけ、ともいわれる。

公的資金を注入された銀行は経営者が責任を取って辞めるというルールがかつてあった。しかし、それでは公的資金を申請する大手行は出てこない、という理由でルールはなくなり、同時に経営者の責任もあいまいになった。

その経営者が従業員にリストラを迫り、世界に通用する新銀行をつくろうとしている。経営者の正当性と適格性は、だれが判断したのか。(朝日新聞1999年12月23日)

この記事で「コメ銀行」と書いたのは、私の言葉ではない。経営統合が決まってからというもの、多くの興銀マンを取材するなかで、何度か出てきたのがこのたとえ話だったのである。

私は「経営統合には経営者のけじめが必要だ」という内部の行員たちの声に分があると思い、その意見を記事にした。しかし、これがみずほと朝日新聞社を巻き込むちょっとした騒動に発展してしまうのである。

「女子マラソン」スポンサー降板を通達したみずほ

かつて、「東京国際女子マラソン」という大会があった。主催は朝日新聞社で、世界で初めて国際陸連が公認する女子マラソン大会として1979年にスタート。2008年の第30回大会を区切りに終了したが、歴代の優勝者には五輪金メダリストの高橋尚子や野口みずきなど、そうそうたる選手が名を連ねている。

すべては後になって聞いた話なのだが、私がこの「コメ銀行」の記事を書いた後、みずほに参画する3行の頭取が怒り、「協賛している東京国際女子マラソンのスポンサーを降りる」と当時の箱島信一・朝日新聞社社長に通達した。協賛金は約3億円であったという。東京国際女子マラソンは99年まで資生堂がスポンサーをつとめていたが、2000年からみずほの協賛が決まっていた。

私は一介の新聞記者で、社の事業のことはまったく関知していなかったし、それまでも興銀や富士、一勧への批判を含む記事を書いたこともあるが、それによって大きなトラブルが起きたこともなかった。

ところが、今回は私の知らないところで問題が起きており、当時の箱島社長の周辺が「山田は金融担当から外します」とみずほ側に約束し、詫び状も渡して何とかスポンサー降板は回避されたという。これは私が当事者に確認したことではないが、後に週刊誌沙汰になって、西村頭取が「スポンサーを降りる」と申し入れたことは本人が認めたし、親しい銀行幹部も「間違いない話だ」というのだから、おそらく本当のことだったのだろう。箱島社長は経済部出身で、私が財研記者クラブ時代のキャップであった。政治部や社会部の出身者と比べ企業への配慮、特に銀行に対しては敏感である。

2000年に入り後輩の経済部長から特派員の打診を受け、私は2つ返事でOKした。部長も背後にみずほとのトラブルがあることを知らなかったようだ。私はタイのバンコク支局への異動となった。特派員の仕事というのは基本的に面白い。裏でみずほ側のクレームがあったことなど何も知らなかった私は、当初1年の予定だった海外勤務を自分の希望で2年に延長（最終的に3年となった）してもらったほどで、本人が喜ぶというおかしな「左遷人事」となった。

その後、日本に一時帰国した際、あるみずほ関係者からコトの顛末を聞かされ「山田君、知らないの？」と驚かれたことがあったが、私は人事そのものに不満を持っていたわけではなかったので、腹も立たなかった。

ただ、バンコクから日本に戻ってきたとき、私は「編集委員」の肩書きを外され、本社の経済部ではなく系列の週刊誌『ＡＥＲＡ』に配属された。そのこと自体が不満だったわけではないが、朝日新聞社の人事として異例だったことは間違いない。やはり、金融担当として置くわけにはいかないということだったのだろう。

当時のいきさつについて、いまさら蒸し返す気はないのだが、ひとつ言えることは、新聞社が本業以外の事業を拡大していくと、往々にしてこういうことが起きやすいということだ。

２０００年代に入りメディアにもＩＴ革命の波が押し寄せたとき、新聞社もさまざまな企業とビジネス上の交流が生じた。しかし、一方でもし何かがあったときにそうしたしがらみによって筆が鈍るようなことがあってはならないし、私たちもそれについては肝に銘じていた。

みずほの一件で「銀行タブー」なるものが生まれたとは思わないが、スポンサーを降りるという一言で詫び状を出した当時の朝日新聞社の姿勢は正しくなかったというのが私の考えである。

第5章

「バンカーの時代」の終焉

第一勧銀「4人組」の退職とそれから

バンコク支局に「左遷」させられた私は、そこで小泉純一郎内閣の誕生やいわゆる「9・11」（アメリカ同時多発テロ）を見ることになった。

省庁再編により大蔵省は「財務省」と「金融監督庁」（現・金融庁）に分割され、業界の再編がさらに進んだ結果、国内の大手行はみずほ、三菱UFJ、三井住友、そしてりそなの4グループに落ち着いた。

当時、バンコクでアジア経済を取材するかたわら、日本の金融機関のバンコク支局に勤務する知人や、タイにやってくる金融マンに話を聞いたが、私と同世代の銀行員は「資金回収の仕事が厳しい」とよく嘆いていた。

「この前、支店長会議があって頭取が長々、訓示を垂れたが最後まで“お客様”という言葉がなかったよ。利益を上げろなんてことは分かっている。そのためにはどうしたらいいかということを、分かっているのか……」

「みずほコーポレート銀行」に名を変えた元・興銀マンが嘆いた言葉は忘れられない。当時の業界では「失われた10年」といった言葉が使われるようになっていたが、70年代に興銀マンとなった世代にとっては、いまだに興銀＝「ますらお派出夫」のイメージが残っているのである。

「ますらお派出夫」というのは、秋好馨の漫画から有名になった、いわば家政婦の男性版で、出先でさまざまな問題を解決することから、経営難の企業に知恵を出して再生させる興銀マンがそう呼ばれるようになった。顧客を切り捨てるのではなく、顧客を何とか再生させてともに危機を乗り超えたい――そうした行員がまだ当時は数多くいたのである。

リクルートが調査発表した２０００年から２００５年までの「就職人気ランキング」（文系）を見ると、あれほどバブルの時代に人気を博した銀行が、ベスト10にひとつも見当たらない。採用人数を減らしたこともあるが、「やりがい」の喪失が、その背景にあることは間違いなさそうだった。

第一勧業銀行の利益供与事件で「改革４人組」の１人として活躍した作家の江上剛（本名＝小畑晴喜）氏も２００３年、築地支店長のとき早期退職制度に応募、銀行を辞めた。まだ49歳の若さだった。

江上氏はこう語っていた。

「顧客は二の次、現場の声が届かない。思い描いた銀行の仕事と現実がどんどんずれていった」

2003年当時、第一勧銀の「4人組」を私が追跡取材してまとめたルポがある。当時、みずほ銀行に残っていたのは4人のうち1人だけだった。

【『AERA』2003年8月4日号〈旧第一勧銀 作家、役員、そしてあれから6年、4人組の「呪縛」〉】

第一勧業銀行で97年春、不正融資事件が表面化した。総会屋が、人事や融資に影響力を持ち、頭取や会長が諾々と従っていた。巨大銀行の闇が捜査当局に暴かれ、元頭取など中枢にいた11人が逮捕され、元会長が自殺した。

「こんなでは銀行がつぶれる」と中堅行員が立ち上がった。その中心に4人の男たちがいた。狼狽する上層部に代わり主導権を握った彼らは「4人組」と呼ばれた。それから6年が経った。

みずほコーポレート銀行で執行役員になったばかりの藤原立嗣は4月のある日、頭

第一勧銀の支店長から人気作家に転じた江上剛氏

取室に呼ばれた。

「すまないがオリコに行ってくれ」。頭取の斎藤宏は藤原の手を握り「この仕事は君しか出来ない。よろしく頼む」と頭を下げた。

信販会社のオリコは「みずほグループの運命を左右しかねない不良融資先」と言われてきた。バブルのころ銀行からカネを借りまくり、不動産融資など本業と離れた乱脈融資にのめり込んだ。ピーク時の有利子負債は1兆6000億円。貸し倒れが急増し、4期連続の赤字。銀行は債権放棄、増資、債務の証券化など、あらゆる手を使って穴埋めに奔走している。

藤原の肩書は、常務取締役・社長室長。再建計画を遂行する役回りだ。

「とうとう再建専門家か」とふと思う。

藤原は総会屋融資の時、企画部でMOF担（大蔵省担当）だった。事件が一段落したころ、スキャンダルは大蔵省に飛び火した。接待汚職である。連日、事情聴取を受ける立場になった。いつ、何を目的にどんな接待をしたのか。調べは半年に及んだ。大蔵省では逮捕者や自殺者が出た。第一勧銀はかろうじて訴追を免れたが、総会屋から大蔵官僚まで1年に及ぶ捜査に翻弄された藤原は、シンから疲れ果てた。

役員会に出るヒラ行員

次は大阪営業部への異動だった。心機一転のつもりだったが、マイカルで暗転した。問題企業としては軽微な「要注意先」のはずだったマイカルは、大阪に来てみると手遅れとも言える惨状だった。

「大阪でひと休み、と言われたのに、東京の審査担当が事態を甘く見ていたばかりに、尻拭いに追われて気の毒だった」。かつての部下は同情する。

興銀、富士銀行との３行統合が決まり、それぞれの銀行は立場が悪くなるのを恐れ、不良債権を過小に算出する傾向にあった。銀行が後手に回ったマイカルは信用不安が一気に広がり、会社更生法へとなだれ込んだ。

修羅場の経験が買われ、藤原は企業２部長に呼び戻される。破綻寸前の企業を担当する部署だ。オリコを託され、再建計画を作り上げ、一段落と思った時、実行する役が回ってきた。

労働組合委員長、企画部など銀行の中枢を歩んできたが、いつの間にか敗戦処理の第一線に押し出されていた。

「あのころは役員を突き上げる立場だったが」。銀行の危機に体を張ったころが昨日のようだ。

4人はヒラ行員でありながら役員会に出ていた。広報部長の八星篤、同次長・小畠晴喜、企画部副部長の後藤高志、そして藤原。企画部は大蔵省との連絡役でもあり、広報はマスコミとの接点。4人は情報や意見を求められた。

「結果的に返済が滞っているがバブルのころよくあった融資だ。この一件が取り立てて問題とは言えない」。検察が狙っている融資に顧問弁護士が間抜けな解釈をしたとき、広報部次長の小畠がついに切れて、口を挟んだ。

「こんな融資あっていいんですか。おかしいじゃないですか」

総会屋への迂回融資であることをみな知っているのに、役員は誰一人問題にしない。

銀行員の作法が

藤原は「楽観的すぎる。これでは組織がもたない」と、上司である後藤に訴えた。後藤は意を決し、「総会屋融資の事実を調べ、反省の姿勢を示すべきだ」と上層部の説得を始めた。

責任ある立場にありながら傍観する人、逃げようとする人、自分のことしか考えない人……。

「役員が役員らしく振る舞ってくれたなら、われわれが出る幕などなかった」と小畠は言う。

逮捕者が相次ぎ、経営陣は総崩れになり、相談役、会長、頭取など総勢26人の役員が退任させられた。「4人組のクーデター」ともいわれた。

高杉良の小説『金融腐蝕列島・呪縛』や役所広司主演の同名の映画で、4人組は改革者として描かれた。

総会屋の小池隆一の資金源が第一勧銀であることを東京地検が突き止めたのは96年暮れである。

春先から総務部の担当者が呼ばれ事情聴取が始まった。捜査の手は融資を決めた歴代の審査担当に伸びようとしていた。

ところが情報を総務部が抱え込み、上層部に上がらない。役員たちは「税理士である小池の兄への融資で、担保も取っている」と楽観的だった。当時の第一勧銀は、頭取・会長の上に何人もの実力者がいた。「呪縛」と表現された総会屋との腐れ縁は、取締役相談役の肩書を持つ頭取・会長の経験者が取り持ってきた。役員たちは上のご意向をうかがうばかりで、捜査の進展に無防備だった。

「サラリーマンでは銀行を変えられない。変わらない銀行なら居てもしょうがない」と後藤は思い知った。上司が嫌がることは言わない、自分に不利なことはしない、他人のことに口を出さない。銀行員の作法が、事なかれ主義を生み、銀行の闇を濃くしたのである。

事件後、後藤は行内業務監査室を提案し室長になった。副室長は小畠。全店挙げて業務を点検し、暴力団や総会屋と絶縁するのが仕事だった。

4人組という認識なし

本支店合わせ「情報誌」が800種あった。購読料は闇の世界との交際費。脅しやトラブルを恐れ、払い続けていた。融資もさまざまあった。94年に起きた住友銀行名古屋支店長の殺人事件以来、暴力団がらみの融資は回収がほとんどされていなかった。現場の担当者と共同ですべて洗い出し、切った。脅迫状がしばしば届き、後藤と小畠は警察の護衛が付いた。

1年半で後藤は審査第4部長に転じた。第3部までが通常の審査で、4部は問題企業を面倒見る部署だ。セゾングループ、長崎屋、オリコなど銀行の屋台骨を揺らす企業の処理である。総会屋融資と似た構造があった。恐れ多いオーナー経営者や銀行の先輩が融資先にいる。関係を荒立たせたくない役員が、求められるまま融資を積み増ししてきた。相手を怒らせたくない、厄介なトラブルは避けたい。そんなサラリーマン根性が、不良債権を膨らましていた。セゾンの処理はオーナーである堤清二の首に鈴を付ける仕事だった。

広報部長だった八星は4月、みずほ総合研究所を常務で辞めた。再就職先は決めていない。東京の高層マンションで、これからを考えている。

八星は「4人組の1人」と言われることを極端に嫌う。取材には一切応じられないと、次のようなメールを送ってきた。

「4人が徒党を組んで旧経営陣とぶつかって局面を開いていったという認識は、私にはありません。私としては当時、広報部長としての職務、職責を踏まえて、組織人として行動してきたつもりであり、それが『4人組』の行動として受け取られるとしたら、それは自分が未熟であったことを示すものと考えております。第一勧銀があの難局を乗り越えることが出来たのは、お取引先の厚いご支援、新経営陣の指導力、そして銀行の現場の第一線で厳しい中を頑張った一般行員の努力によるものであります。４人組という言葉を一人歩きさせることは、こうした真実を覆い隠してしまう恐れがあると考えております。また、旧経営陣あるいはあの事件にやむを得ず関与せざるを得なかった方々についても、それぞれの立場、経緯、そして時代の流れを無視して一律に語ることは到底出来ません。この点についても、旧経営陣対４人組というイメージが出来ることに、私は異論があります」

八星は事件後、企画部に戻り系列証券会社の立て直しに取り組んだ。三洋証券、山一証券が相次いで倒産したころだ。だが1年足らずで横浜支店長に出た。周囲は「外された」と見た。銀行の空気は沈静化し、４人組への視線は冷ややかになっていた。

前向きに干されて

「八星さんの気持ちはよく分かる。私も４人組と呼ばれるのには抵抗を感ずる」と藤原もいう。

外では「改革者」に見られている４人組も、銀行の中では「跳ね上がり」「目立ちたがり」と怨嗟の的だった。

「なんで子供みたいな奴らに引き回されたんだ、という声がＯＢにあった。退任を迫られた役員も面白くはなかっただろう」

当時の経営陣の一人は言う。

過去の呪縛を断とうとすれば、過去に責任のある年配者は居心地がいいはずはない。地位も年次も吹き飛んだ修羅場では、若手が主導権を握っても、平時にもどれば、部長は役員にへりくだる銀行の作法が復活する。互いの器量をさらけ出してしまった気まずさだけが残った。

「私の考えや行動が後藤さんや小畠さんと共通項があるように表現され『４人組』と括られることに抵抗がある」という八星は、次第に他の３人から離れていった。調査・企画畑の八星は学者肌で、熱血漢である３人とは肌合いが違ったのかもしれない。

行動力のある小畠は、上司の八星を飛び越えて、役員たちにビシビシ注文を付けた。事件後は社会的責任推進室長になり、警察庁官房参事官の竹花豊（現東京都副知事）と組んで、金融界から闇の勢力を一掃する活動に取り組んだ。

問題融資や怪しげな取引のすべてに、先輩の誰かが関わっている。剛腕をもって処理を進める小畠は次第に「やりすぎ」「危ない」と警戒された。高田馬場支店長に出され、次は築地支店。同期で出世頭だったが「あいつは本店に戻さないと有力役員が言っている」という話も伝わってきた。

「私は前向きに干されました」と小畠は笑う。

小畠のかつての部下は「あんな銀行員離れした銀行員は見たことがない」という。上司だろうと部下だろうと正論で押しまくる。パパッと判断して、これでお願いします、と仕切ってしまう。上司の器が大きければ使えるが、銀行にありがちな小心者は煙たがる、という。

「役員で残ろうと思えば頭取や会長にゴマをする。役員を諦めて関連会社に出ようとすれば、OBにいい顔しなければならない。銀行は正論では生きにくい」と本人は言う。

土曜になると高田馬場から山手線で2つ目の新宿にある朝日カルチャーセンターの小説講座に通った。指導にあたった元文藝春秋の編集者松成武治は「銀行を舞台にした短編を書いておられ、小説の合評会を楽しんでいた」と振り返る。

作家・江上剛として書いた『非情銀行』は好評で、2作目『起死回生』も売れた。

社会から銀行に投げかけられている課題に、自分なりに答えたい、という。

増資のための会議で

銀行が見放しかけたアパレル会社を中年銀行員たちが、力を合わせて再建する『起死回生』で、小畠は「事業再生こそ銀行の使命」と訴えていた。再建には（1）経営者のリーダーシップ（2）従業員のやる気（3）メーンバンクの覚悟が必要、更に企業としての社会的使命があるかが問われる、と述べている。

昨年12月、都内の支店長が集められ増資の説明会が開かれた。壇上から専務が「増資をどれだけ獲得できるか、支店長として日ごろの仕事ぶりが問われる」と檄を飛ばした。

融資先から貸しはがしをしながら、増資資金を集めろと本店はいう。システム障害で迷惑をかけ、支店はわびて回ったのに、ねぎらいの言葉さえない。専務はかつて席を並べた上司だった。あんなことをいう人ではなかった。貧すれば鈍する銀行が情けなかった。

「みずほ」になって一線の声はますます届かない。早期退職制度に応募した。

小説は妻が勧めた。「定年になって奥さんの後ばかりついて歩く銀行の人が結構いて、あんなふうになられると困るから、好きなことを今から始めといて、と頼んだんです」

小畠は作家に、八星は辞めて充電中、藤原は出向して企業再建。銀行に残ったのは後藤だけだ。（記事ここまで）

彼らが銀行を去ったのにはさまざまな理由があったと思う。会社にとって良かれと思い行動したことで「改革4人組」と呼ばれるようになり、英雄視されるようになったことは、個人プレーを否定する日本の銀行の組織風土が災いし、むしろ彼らを追い詰める結果につながってしまったことも否めない。

ただ、彼らの退社は悲劇ではない。もともとどこに行っても活躍できる人物たちである。「4人組」を描いた小説やドラマにあれほど大きな反響があったのは、不良債権処理で苦しむなかでも日本の銀行マンたちが守ってきた良心が残っていた証だったとも言えるだろう。

リテールに走った銀行とモラルハザード

バブル崩壊後の10年で、銀行員の給与は大きく下げられ、出世のハードルも高くなった。公的資金注入を受けた経営再建企業としては当然のことだが、高い給与が魅力だった銀行が給与リストラに走ると、行員のモチベーションの低下は他業界よりも深刻だった。

過去、経営統合した場合の行員給与は、高いほうの銀行に合わせられることもあった。しかし、経営再建時の合併では年収が下がる人はいても上がる人はいない。

経営統合発表時、三菱東京（ＵＦＪとの合併前）以外の銀行は、公的資金の代償にリストラを公約。経営健全化計画では、２０００年3月からの3年間でみずほ３４００人、三井住友４５００人、ＵＦＪ２８００人の削減。国内店舗もみずほ46店、三井住友１４０店、ＵＦＪ60店が統廃合されるとの発表だった。

都銀や信託、長信銀の境界線がなくなり、窓口で投信や株、生損保まで扱えるようになると、これまでエリートコースとされた企画部や人事部が本流とも言えなくなり、銀行員に求められる資質も根本的に変わってくると指摘された。

00年代以降、大企業の銀行離れが進み、住宅ローンや投信といったリテール部門が銀行の収益の大きな比重を占めるようになった。かつて金融業界に厳然として存在した「身分制度」の最下層と見なされていた消費者金融が大手銀行と手を組み、「銀行が貸す消費者ローン」というひと昔前では考えられなかったサービスも登場した。

銀行は各支店に販売目標を設置し、その達成度が評価に直結する。利益につながるのは販売手数料だ。

銀行員は預金者の財産をのぞける。かつての預金集めと違って、いかにそのカネを動かす回数を多くするかが手数料収入を稼ぐポイントだ。だから、顧客に何度も似たような商品をすすめる。いわゆる「回転売買」が横行すると、良心のある銀行員ほど疲弊し、モラルハザードが起きる。

当時、金融庁のホームページに掲載されていた行政処分の一覧には、行員による預金の着服、流用、顧客情報の持ち出しなど、毎週のように不祥事が掲載されていた。かつての銀行職場は帳尻が1円でも合わないと大騒ぎしたが、ある意味で人間の目による相互監視が機能していた。

しかしリストラで人員が削減され、ネット時代に入ってデータの共有が限定的になると、かえってチェック機能は後退した。効率化の代償である。

経営統合以降の時代になると、記者の銀行取材もだいぶ様相が変わった。私たちの時代は都銀を個別に担当するシステムはなかったから、住友、三菱、一勧、興銀……といった具合に多くの銀行の支店長やＭＯＦ担と情報交換をする。彼らは自分の銀行については口が重いが、ライバル行でいま問題になっていることをいろいろと教えてくれたりする。１人の記者に多くの情報が集まってきたし、特定の銀行と距離が近くなることもなかった。

しかしメガバンク時代になると、みずほの担当、三井住友の担当……といった具合に担当者を決めて張り付く形が主流になった。それも時代の流れであるが、距離が近いだけに不都合なことを書けなくなったり、外部からの情報が入りにくくなった。

「ラストバンカー」西川善文の回想

私が朝日新聞社を退職したのは２００９年のことである。前年9月、アメリカの住宅バブル崩壊に端を発したサブプライム問題により、米投資銀行のリーマン・ブラザーズが倒産するという、いわゆる「リーマン・ショック」が発生。その余波を受けて日本の日経平均株価も一時６０００円台（６９９４円）にまで下落する事態に陥った。

バブル崩壊後の長い暗黒時代にやっと薄日が差していた日本の金融界だったが、このリーマン・ショックで再び銀行は防戦態勢を固めることになる。

その当時書いたのが、日本郵政の社長をつとめていた西川善文氏と、楽天創業者の三木谷浩史氏の人物ルポだった。

２人は世代こそ違うが、それぞれ住友銀行、日本興業銀行に身を置いた元バンカーだ。特に西川氏は、住友銀行の天皇と呼ばれた磯田一郎に見込まれて引き上げられ、最後は頭取としてあのイトマン事件の処理にもあたった「ラストバンカー」として有名だ。

彼らの物語のなかで注目すべき点は、なぜ銀行員を目指したのか。そして銀行員の次の仕事を選んだ理由である。そこには、それぞれの時代のなかにおける「銀行員」の役割と、バンカーとして培った能力、人間力の一端が垣間見ることができる。


【『ＡＥＲＡ』２００８年６月２日号〈現代の肖像　西川善文〉】

明治４年４月20日、東京・大阪の間で郵便が始まった。以来、この日は郵政記念日として式典が開かれる。今年もホテルオークラ平安の間で盛大に行われた。表彰者は全国で1万人を超え、勤続30年で特に業績優秀な366人が招かれた。だが今年は、さみしい式典になった。天皇皇后両陛下への拝謁が中止になったのである。

夫人同伴で皇居を訪れ陛下からお言葉を頂く習わしだった。「ご苦労様でした」とねぎらいを受け、公に生涯を捧げた感慨を胸に刻むことができた。その栄誉が民営化で消えてしまった。

天皇に代わる「民」の象徴が壇上にいた。「収益の鬼」と旧住友銀行で呼ばれた西川善文・日本郵政株式会社社長である。今年70歳になる西川にとって、表彰状を手渡す職員たちはかつて敵陣を固めていた面々だ。「郵貯肥大化阻止」。金融界のトップである全国銀行協会会長にもなった西川はことあるごとに郵貯を批判してきた。その当人が日本郵政に転じ「民営化・効率化」の旗を振る。

波乱含みの第2の人生は3年前の9月、ガンを手術した病室から始まった。その年の6月、三井住友銀行の頭取を退いた西川は直腸にガンが見つかった。表向きは検査入院、大阪の住友病院で腸を10センチほど切った。経過を見ていたとき竹中平蔵総務相の使者が面会に訪れた。「退院後、是非会ってほしい」。

「ラストバンカー」の異名で知られる西川善文元日本郵政社長

小泉政権の末期、総務相に転じた竹中は郵政民営化の最終シナリオを託されていた。

「日本郵政の社長は民営化のエンジンです。まず巨大組織を引っ張る強力なリーダーシップ。次に営業の柱になる金融業務に通じていること。そして収益を上げられる経営手腕です」

竹中は日本郵政のトップに求められる資質をこう考えていた。ウシオ電機の牛尾治朗に相談すると、真っ先に名が挙がったのは西川だった。

「誰かがやらなければ」

退院し竹中と会う。「あなたしか適任者はいない。国家の大事業です。お願いします」。懇願されて心が動いた。帰って妻に言った。

「ほかにやる人が、いないらしい」

仕事には口を挟まない妻の晴子(67)が、この時ばかりは強く反対した。「もう十分働いたじゃありませんか。ご自分の身体を考えてください」。

頭取退任の会見で「皆さんの前に姿を現すことはもうない」とまで言っていた西川がなぜ郵政を引き受けたのか。本人に聞いた。

「この国で民営化が本格化して20年、郵政はその仕上げです。金融のことを少しは分かっている私でお役に立てれば、と思いました」

――金融界から裏切りとも言われていますが。

「郵便貯金が官業の特権を持ったまま肥大化するのはいけない、と言ってきましたが、民営化を否定したことはありません。対等の競争条件で競い合うのは悪いことではない」

――巨大組織を変えられると思いますか。

「私の能力では足らんかも知れない。しかし誰かがやらなければならない。人生の最後に向かい合うのには悔いのない仕事だと思っています」

バブル崩壊から金融危機へ、公的資金、リストラ、銀行合併。西川の銀行人生は力仕事の連続だった。まだ余力を残しているというのか。

「会社の立て直しは得意だった」と自負する。手がけた仕事を振り返りながら「与えられた仕事を見事に仕上げるのが喜びでした。とりかかったらやり遂げないと満足できない、いつの間にかそんな性分になってしまった」と静かに笑った。

「使命感の強い男です。重い荷物でも頼まれれば断らない。困難ならなおさら挑戦したくなる。そこが美点であり難点でもある」

銀行の同期生で関西アーバン銀行会長の小松健一の西川評である。

銀行員の仕事は、預金を集め、そのカネを事業に回す。あるいは市場から資金を調達し有利な運用をする。カネを動かすのが仕事である。西川はカネには触らず、失敗案件の尻拭い、いわば敗戦処理役だった。だが「貧乏くじ」の連続が権力者との縁を深めた。磯田一郎との接点である。

収益のためなら何でもしろ

売上2兆円の中堅商社だった安宅産業がカナダで起こした石油事業が破綻したのは石油ショック後の1975年。住銀は「逃げるか、被るか」の選択を迫られた。融資を引けば損害は軽微で済むが連鎖倒産の引き金を引く。副頭取だった磯田は、焦げ付き覚悟で踏みとどまった。

安宅の健全な部門は伊藤忠商事に合併させ、危ない事業だけが残った。西川の役目は頓挫した開発案件や引き取り手のない会社の立て直しや始末。「事業再生」と言えばきれいだが、腐った事業の整理である。虫食いだらけの土地をゴルフ場や宅地に仕上げたり、事業の売り先探しに明け暮れた。腐臭を嗅ぎ分け旨みに食いつく手練れたちと渡り合う。銀行員が嫌がる仕事を黙々とこなす西川の仕事ぶりが磯田の目に留まった。

平和相互銀行の合併は東京進出を急ぐ磯田の決断だった。総会屋から暴力団まで裏街道に通じた面々が不良債権にぶら下がっていた。イトマン事件はその延長線上で起きた。闇の勢力が経営に入り込んだが、イトマン社長の河村良彦は磯田の側近で平和相互合併の立役者。頭取も口をはさめない実力者が暴走した。住銀の経営が大きく揺れたこの時期、西川は「収益の鬼」へと変貌する。

平和相互をのみ込み体力が落ちた住銀で、磯田は「3年で収益トップ復帰」を宣言した。

「磯田会長が3年で、と言われるなら2年で達成しよう」

企画部長に抜擢された西川は高い目標を設定し役員たちを驚かせた。「出来るわけない」という冷めた反応を蹴散らすかのように「いままでやったことのない営業で成果を上げろ」と尻を叩き、現場を奇策に走らせた。融資はお客から頼まれる、という常識を覆した「提案型融資」が登場する。登記簿を調べ担保がついてなければ突撃する。使途は何でもいい。土地・株・ゴルフ会員権から相続対策の借金作りまで。沸騰するバブルの中で貸し出しは面白いほど膨らんだ。「実体のない融資を煽るべきではない」と正論が出たが「それで収益が上がるのか」と西川は一喝した。

住銀に引きずられ金融界は顧客不在の貸し出し競争にのめり込む。やがてバブルが崩壊し、夥しい銀行被害者を生み出した。

「収益のためなら何でもしろ、という西川さんの方針がまともな銀行員を隅に追いやり、銀行業界を暴走させた」と部下の一人は指摘する。

「あの時は突っ込んでゆくしかなかった」と西川は振り返る。収益日本一に返り咲くには、尋常の手段では出来ないと割り切ったのである。そこまで磯田に尽くしながらイトマン事件では一転して「磯田降ろし」に立った。

90年10月、東京・信濃町の住友銀行会館に主だった部長たちが集まった。日曜に会長の磯田が辞任を表明した。元青葉台支店長が逮捕された責任を取る形だった。磯田辞任は、暗に頭取の巽外夫に「お前も辞めろ」と迫っていた。背後で深刻な事態が進んでいた。イトマン問題である。磯田は身を引くことで頭取の首をすげ替え、影響力を保持し延命を狙っていた。

部長を集めたのは西川。イトマンの経営に暴力団につながる人物が関与し不良債権が雪ダルマ式に増えている。磯田も籠絡された。影響力を断たなければ銀行が危うくなる——。部長会は連判状を書き、西川が巽に手渡した。そして磯田の思惑は粉砕された。

恩人・磯田を切って銀行を守った。西川に頭取の座が見えてきたのはこの頃である。

西川善文は奈良県橿原市で1938年8月、材木屋を営む信夫と妻・静子の間に生まれた。大阪大学に進み、将来は新聞記者にでもなろうかと考えたりしたが、ある時大学の友人から「大阪に出てこないか」と電話があった。内定をもらった住友銀行から、誰か紹介しろと言われて、と言うのである。

顔を立てるつもりで出かけると面接した人事部長が磯田一郎。「よし、専務に会え」と言われた。「銀行は厳しいぞ」と言う専務に、「なにが厳しいのですか」と問い返すと「競争が厳しい」。とっさに「競争は望むところです」と応えた。負けん気から発した言葉が退路を断った。

「住銀から内定をもらった」と父に告げると喜んでくれた。その表情を見て「銀行に就職するか」と何となく決めてしまった。

支店を3年経験した後、願いかなって本店の調査部に配属された。融資先の将来性やリスクを吟味する調査部は若い銀行員あこがれのポストで、西川は7年間、産業動向の分析や企業の財務諸表と格闘した。後に「最後のバンカー」と呼ばれるほどの眼力の基礎が調査部でたたき込まれた。

2005年4月、西川は三井住友フィナンシャルグループ社長と三井住友銀行頭取の座からの引退を表明した。「よく細い身体が保ってくれた」。記者会見で動乱の日々を振り返ったが、最後の決算は花道どころか2400億円の赤字だった。黒字の予定が金融庁検査でひっくり返った。不良債権が厳しく査定されたのだ。平和相互やイトマン処理で関係した危ない顧客への融資が澱のようにたまっていた。トップバンクへの最後の賭けだったUFJ銀行の買収も失敗した。その頃、公正取引委員会はデリバティブの押し込み販売を調べていた。手っ取り早く手数料を稼ごうと、立場の弱い中小企業に不要な金融商品を売りつけ、後に「優越的地位の濫用」と摘発される。赤字に不手際。「引責辞任」の気配さえ漂った。

竹中平蔵への「借り」

「収益のために奇策もいとわず」という目先の利に走る経営が、底流でモラルを蝕む。じわじわと損害が膨らみ、さらなるムチが現場に入る悪循環。消費者金融への進出も西川の決断だった。三井住友の支店にプロミスの端末機を置き20％超の高利ローンを斡旋した。消費者金融の収益力に目を付けたものだが「銀行としての一線を越えた」と心ある銀行員は嘆いた。

銀行がばたばた倒れた時代だった。立ち止まっていては脱落する。一度決めたら周囲の声は気にせず突き進む。その割り切りのよさが西川の真骨頂だったが、結果として何が残ったのか。

住友銀行を生きて残した。それは手柄だが、悲願だったナンバーワン銀行は見果てぬ夢である。「西川さんは達成感を得ることが出来なかったのではないか」。仲間のひとりは言う。金融界で成仏できない魂が、２００兆円超メガバンクへと引き寄せられたのかも知れない。

西川には竹中の申し出を断りにくい事情があった。竹中が金融相をしていた頃の「借り」である。三井住友フィナンシャルグループは不良債権の重圧で資金不足に陥っていた。西川は外資のゴールドマン・サックス証券に増資引き受けを打診したが、慎重だった。金融危機が深まると予想するゴールドマンは、三井住友に生き残る「保証」を求めた。保証など誰もできない金融不安の時である。たまたまゴールドマン・サックスのポールソン会長が日本にやって来た。西川は竹中を誘い極秘の三者会談を開いた。

竹中はその席で「三井住友が破綻することはまずない」と示唆したとされている。表向きは「金融情勢の意見交換」。西川は「一般的な話をしたまでだ」と言うが、生き残りをかけた増資に懸命な頭取と金融相が同席し、直後に増資が決まった。三者会談が決定的な役割を果たしたことは明らかだ。特定銀行を利したとして責任を問われかねない竹中の大胆な行動に西川は救われた。次は西川が借りを返す番だった。（記事ここまで）

西川氏がもし、若き日に目指していた新聞記者になっていたら、妥協を許さない取材で大いに活躍していたかもしれない。

もともと関心があったわけではなかった銀行員という仕事だったが、磯田一郎との出会いが人生を決定付けた。西川は２００９年、民主党政権の誕生とともに４年間つとめた日本郵政社長の座を追われた。退任後、西川は私にこう語った。

「社長就任を打診されたとき、妻に『郵政って政治家やお役所が絡んで難しいところでしょ。あなたにつとまることではないですよ』と言われた。どこでそんなことを覚えたのかとあきれたが、いま思えば言うとおりだった」

楽天・三木谷浩史が「興銀」を辞めた理由

楽天の創業者兼社長の三木谷浩史氏は、一代で同社を世界的企業に成長させたカリスマ経営者である。

興銀を経て起業し、ネット時代の旗手として成功をおさめた同氏を取材したのは２００９年のことだった。当時の副社長は、西川善文氏の懐刀として住友銀行の取締役をつとめた國重惇史氏。私が財研記者だった70年代終わりに國重氏は住友銀行のＭＯＦ担

だった。（一部人名をアルファベットで表記）

【『ＡＥＲＡ』２００９年５月18日号〈現代の肖像　三木谷浩史〉】


日頃ネクタイをしない三木谷浩史が深紅のタイを締めて登場した。深紅は楽天のシンボルカラー、若さを示す赤である。

「楽天はインターネットと共に成長してきた。ネット革命は始まったばかりだ。これから世の中の在り方がどんどん変わる。国家や通貨、メディアまで根本的に変わっていくだろう」

入社式で三木谷は新入社員３１６人を鼓舞した。

「これまでの概念は大きく変わる。そんな時代に君たちは社会に出た。変革期はチャンスだ。私は若い人の力を強く信じている。楽天には思想がある。早く身につけて力になって欲しい」

新入社員を代表してＡさんが挨拶した。

「真にグローバルな人間を目指します。既成概念にとらわれず、あらゆる角度から何が正しいか考えます」

次に立った副社長の國重惇史はその言葉を引きつつ、「世の中には既得権を持つグループがたくさんある。だから社会は変わらない。だが既得権にとらわれない私たちは世の中を変えることができる。三木谷社長は世の中をよくしたいと考え、興銀を辞めて楽天を作った。私も同感だ」。

三木谷は前日、痛恨の決断をした。ＴＢＳ買収からの撤退だ。プレスリリースにこうある。

〈目的を達成することが困難となったとの判断から、当社は、会社法で認められた権利である株式買取請求権を行使することといたしました〉

買収も経営統合も出来そうにないから楽天の持ち株をＴＢＳに買い取ってもらう、という決定だ。「負け」を認めたのだ。

「既得権益」への挑戦

免許制に守られ、公共の衣をまとう放送局は、誰もが出来る事業ではない。楽天は２００５年、19％の株を買い集め、経営統合を迫った。放送局を手中に収めればビジ

安定の興銀を飛び出しベンチャー魂を
発揮した楽天創業者の三木谷浩史氏

ネス界のど真ん中に楽天の旗が立つ。

その1年前に球界に参入した。プロ野球のチームを持つことは成功した企業の勲章のようなものだ。三木谷は周到だった。奥田碩日本経団連会長（当時、以下同）、西川善文三井住友銀行頭取、斎藤宏みずほコーポレート銀行頭取など財界の重鎮を「経営諮問委員」に揃えた。読売巨人軍元オーナー、渡邉恒雄読売新聞会長も反対しようがない顔ぶれだった。楽天球団の誕生で顧客層が広がった。次のお茶の間作戦がテレビだった。

堀江貴文がニッポン放送に買収を仕掛けた時、三木谷はフジテレビ会長の日枝久と密かに会った。「ホワイトナイトになってもいい」と持ちかけたのである。だが、お助けマンを演じてフジテレビの経営に参加するという筋書きは日枝にやんわり断られた。「友好的なやり方では放送局は乗ってこない」と思い知った。そんな心情を見透かすように「TBSに興味ない？　よかったら株を譲渡するよ」と持ちかけたのは村上世彰だった。なぜ、あの時誘いに乗ったのですか？と聞くと、「ウチが買わなければよそが買う、そんな気がしてね」。

どこかは明かさなかったが、1人は堀江である。村上が「堀江くんも興味を持っている」とほのめかした、という。もう1人、三木谷が思い描いたのはソフトバンクの孫正義ではなかったか。

孫は一歩先にインターネット革命へと身を投じた。「既得権益」に挑戦する姿勢は筋金入りだ。興銀時代に知遇を得て「新時代の経営者」だと強く意識した存在でもある。楽天を起業した後も交流はあったが、ある時点から疎遠になる。それは楽天が上場した時だった。

「孫は楽天の株を持ちたいと打診したが、三木谷は断った」

2人を知る金融関係者は言う。

孫の意図は定かではないが、三木谷は孫の影響下に入ることを避けた。その後、楽天はヤフーの金城湯池であるネットオークションやポータルサイトの事業に進出していく。

楽天がTBSからの撤退を決める1カ月ほど前「TBS問題で学んだことはなんでした？」と尋ねたことがある。返事は意外だった。

「自分は案外ガンコで、諦めないんだな、とわかりましたよ。孫さんはテレビ朝日を買おうとして、ダメだとわかるとスーと引いたじゃないですか。ボクはすぐには諦められない」

――経営統合は難しい状況ですね。

「ネットと放送の壁は低くなった。なにがなんでも放送局をという時代ではもうないですよ。3年5カ月の間に状況は変わってしまった」

――ならば株を手放して、身軽になれば。

「損失の処理は前の決算でやったから、急いで売る必要はないんです。何が起こるかわからない時代です。持っていればまた局面が変わり、使い道があるかもしれません」

――TBS買収は三木谷さんの独走だった？

「社内にはいろいろ意見がありましたが、すべてボクが決めてきた。やはりガンコだったかな」

母親の節子が「浩史は赤ちゃんのころからガンコだった」と言っていたのを思い出した。

小学校でも先生の言うことを聞かず、しょっちゅう廊下に立たされていた。成績は惨憺たるものだった。少しは勉強してほしいと、中学はスパルタ教育で有名な私立の岡山白陵に入れた。寮生活だった。本人は「大丈夫だよ」と言っていたが、当時の岡山白陵は彼のやんちゃな個性とは合わなかった。勝手なことをすればゲンコツが飛び、テストの結果が悪ければ板で尻を叩かれる。成績は後ろから2番目だった。

「公立中に替わったら、と何度も勧めたんですが本人は『頑張る』の一点張りでした。それがある朝突然『ぼく朝霧中学（地元の公立中）に転校する』というのでみなびっくりしました」（節子）

転校は「ずーっと前から考えていたんだ」というので家族はまた驚いた。

「成績ビリの生徒がやめてしまって、もうこれはやってられないな、と思ったんです」

三木谷は人生最初の挫折を懐かしそうに振り返り、「ＴＢＳも白陵の時と同じかな」と言った。

「興銀が企業を育てる時代は、もう終わった」

実家に戻った息子を父・良一はテニスに誘った。良一は神戸大学で金融論を教えていた。戦後間もなくフルブライト留学生としてハーバード大、スタンフォード大に学び、閉鎖的な日本の金融を外から考える機会を得た。リベラルな立場で、日本金融学会の会長も務めた。

節子は神戸大から兼松江商に就職したキャリアウーマンの先駆け。戦前のニューヨークで小学校時代を過ごした元祖帰国子女でもある。戦後民主主義の最中に青春を迎えた夫婦は、個性を尊重する育児に徹した。兄と姉は優等生で、研究者と医師になった。子どもを辛抱強く見守り、気づくのを待つ。その気になったら精一杯の協力をするという姿勢で浩史に接した。

テニスの上達は速かった。明石高校に進学が決まると、入学前からテニス部の合宿に誘われるほど、地元で有名になっていた。

「球拾いでテニスが上手くなるかな?」

ある日、尋ねられた良一は「そんなことないやろ」と答えた。1年生は球拾い、上級生が打ち合うのをただ見ていることに耐えられず、1カ月で退部。学校が終わるとテニスクラブに駆けつけ、「日本の(ビヨン・)ボルグになるんや」とプロを夢見た。

高校2年の夏、「テニスはやるだけやった。勉強しておじいちゃんが行っていた一橋大学に入る」と宣言し、再び家族を驚かせた。担任からは、「どこの大学を選ぶかというより大学に入れるかが問題です」と言われていた。やっとその気になった息子に両親は家庭教師を付けて応援した。

一橋大3年の時、庭球部の主将になった。真っ先に「新入生は球拾い」という慣例を廃止した。

「強気で攻めまくり、しかも粘って諦めないテニスでした」

東大庭球部で主将だったBさんはこう評した。リーグ昇格を目指し、三木谷は厳しい練習計画を立ててチームを引っ張った。「体育会系」と言われる楽天の源流である。

楽天では毎月曜に「朝会」と呼ばれる全社員参加のミーティングが開かれる。毎回、三木谷が短い訓示をする。

「ユア・ベスト・イズ・ノット・イナフという言葉がある。精一杯やった、では足らない。無理と思う高い目標を達成してはじめて道が開ける」

「好決算に安心してはいけない。稼いでいるのは楽天市場など中核事業だ。小さなビジネスユニットに赤字が多い。甘えは禁物」

「自由な社風を感ずるソニーより、締めてかかるパナソニックの業績がいい。規律を見失うと組織は緩む。原理原則を再確認しよう」

会場には五カ条の「成功のコンセプト」。自らの成功体験を煎じ詰めて作った「楽天の思想」だ。第一条は「常に改善、常に前進」。トヨタの工場に張ってあっても違和感がない。

三木谷の人生観に決定的な影響を与えたのが1995年1月17日の阪神淡路大震災だった。2日後、倒壊した家屋が延々と続く神戸の街で自転車のペダルを黙々とこぎ続けた。遺体安置所になった須磨体育館から神戸大学病院まで、死亡証明書をもらうために。元気な人も、活気ある街も、一瞬に消えた。叔母夫婦は家の下敷きになった。遺体を探し当て、冷たい床に夫婦一緒に並べた。

興銀に就職が決まった時、「一番ふさわしくないところに入ったわね」と笑った叔母だった。「自分もいつかは死ぬんだ」。納得して生涯を終えることが出来るだろうか——。

後片付けが一段落した頃、神戸の実家を訪ね、父親にぽつりと漏らした。

「興銀が企業を育てる時代は、もう終わった」

留学から帰って2年が経っていた。ハーバード大学ビジネススクールのMBAが買われ、国境を超える買収・合併の斡旋を任された。孫正義やツタヤの増田宗昭らが顧客で、震災の日は孫と米国に行く予定だった。

新興勢力の起業家たちは、慣行にとらわれない金融サービスを求めた。だが銀行はメーンバンクという優越的地位に利益の源がある。「お客様のため」と言いつつ銀行に有利な、場合によっては企業を抑え込むことも担当者の仕事だった。

屈伸モモ上げで息を上げ営業の戸口に立つ

ハーバードの2年間、2つの潮流を鮮明に感じた。出来あがった仕組みの上で踊る大企業の社員より、リスクをとって起業し新たに創造する者が尊い。もう1つはインターネットが革命を起こすという実感だ。

三木谷の机には今も1枚の写真が飾られている。撮影は97年12月。100店舗達成を創業仲間6人で祝った。三木谷夫妻と並ぶCとDの2人はシステム開発が山を越えたあと、楽天を去った。営業を担ったEとFは今は常務になっている。

「会議のたびに、なんで契約を取れないんだ、と三木谷はEくんやFくんを叱するんです。よく付いてきてくれたと思いますよ」

経理と広報を担当していた妻の晴子は言う。

「銀座4丁目に店を出してみませんか。ネットなら出来ます」をセールストークに三木谷は走り回った。狙った店の近くまで来ると、屈伸・モモ上げを息が上がるまでやり、汗を滲ませ「ごめんください」と戸口に立つ。

「ハーバード大留学、興銀出身のベンチャー起業家」と書かれた新聞の切り抜きを示す。華麗な経歴にそぐわない武骨な印象が相手に妙な安心感を与えた。「ワードさえできれば店を出せます」と口説き、一緒に秋葉原に行って機械を買い、セットアップを手伝う。出店料は月5万円。安くて・簡単・親切を合い言葉に、手分けして全国を回った。

興銀志望だったCは、辞めた人の意見も聞こうと三木谷を訪ね、つかまった。「もう興銀の時代じゃない。これからはネットだ」。夢に吸い込まれるように加わった。候補に挙げた100くらいの事業から、ネット商店街に絞り込んだ。すでにNTTなどが始めていたが、どこも苦戦していた。三木谷の見立ては違った。

「大手企業ではできない。ぼくたちならできる」

業者任せではコストが高く月並みのものしかできない。自分たちが納得のいくシステムを安く作る。勝負はそこだと考えた。ずぶの素人であるCがシステム開発にゼロから取り組んだ。

「成功の裏付けなんてこれっぽっちもなかったが失敗への不安もなかった。これからはインターネットだというわくわくした思いだけが支えだった」

13店舗から始まった楽天市場は3年でジャスダックに上場する。創業メンバーは一躍、資産家になった。企業としての楽天は孫正義の後を追うように「時価総額経営」へと舵を切った。株が上がると企業の資産価値が上昇する。社債発行や増資で資金はどんどん入る。銀行もカネを貸す。潤沢な資金を得て果敢な買収が始まった。旅行サイト、ネット証券、データ検索、カード会社、銀行まで。人と事業と売り上げを手に入れた。「楽天経済圏」と呼ばれるグループ企業が花開いた。(記事ここまで)

三木谷氏が一橋大学を卒業し、興銀マンとなったのは1988年。いわゆる「バブル入行組」だが、興銀の場合は都銀ほど大量採用をしていなかった。「興銀の時代ではなく、ネットの時代だ」という見立ては正しかったが、もし三木谷氏に「興銀出身」の裏書きがとブランド力がなければ、楽天がこれほどの成功を収めるのは難しかっただろう。アメリカで起業精神が高く評価されることに気づかされたのも、興銀の留学制度でハーバードビジネススクールに学んだからである。

興銀内ではエリートコースを歩んでいた三木谷氏だが、就職時には「何も深く考えなかった」とさまざまな場所で語っている。それでも、「興銀マン」の持つブランド力を要所で活用しながら成功をおさめてきた三木谷氏の成功物語は、古き良き時代の「銀行神話」のバリエーションなのかもしれない。

第6章

「危機」の本質

「構造不況業種」になった2つの理由

楽天の三木谷氏が興銀に入行したのと同じ1988年、三菱銀行に入行したのが直木賞作家の池井戸潤氏である。

1995年に銀行を辞め作家でビュー。実体験をもとに書いた『オレたちバブル入行組』（文藝春秋、2004年）はベストセラーとなり、半沢直樹を主人公とするドラマも大ヒットした。時代に翻弄される銀行員の悲哀は、業界を越えて多くのビジネスマンに共感をもたらすのだろう。

だが、銀行が完全に構造不況業種になった、銀行員がいらない時代になったとこれほどまでに騒がれるようになったのは、ここ5年ほどの話である。それには2つの大きな理由が考えられる。

まず1つは、第2次安倍政権下の低金利政策である。2013年4月以降、黒田東彦日銀総裁が異次元の金融緩和、いわゆる「黒田バズーカ」を実行し、2016年2月にはマイナス金利政策を導入した。

大胆な金融緩和策を続ける黒田東彦日銀総裁。
銀行の体力は削られている

預金金利と貸出金利の差がなくなるということは、銀行の利ざやがなくなるということでもあり、これによって一気に銀行過剰時代の構図がずっしりとのしかかってきた。不良債権処理の過程でリストラはしたものの、まだまだ雇用維持のために非効率な部分を温存してきた、そのツケが回ってきた格好だ。

国内の銀行はこの10年というもの、M&Aや金利水準が高い海外業務で収益をあげる方向にシフトしてきたが、それもドル調達コストの上昇によって思うような利益を上げられなくなっている現実がある。

2つ目は、2010年代以降急速に台頭した「フィンテック」と呼ばれる新たな金融サービスだ。フィンテックとは「ファイナンス」と「テクノロジー」を合わせた造語で、日本のメディアで使われるようになったのは数年前からである。モバイル決済やブロックチェーンを用いた決済、クラウド家計簿などキャッシュレス化の流れは、これまで人間が担ってきた銀行業務を技術が代替することになり、膨大な人数の銀行員が不要になると言われる。

AIについては、ゴールドマン・サックスの有名な話がある。同社で2000年のピーク時に600人いたトレーダーが、2017年には2人になったというものだ。株式は自動売買プログラムに置き換えられた一方で、トレーダーにかわって200人のエンジニアが雇用されたという。今後、金融業務の多くが機械化される流れを象徴する話である。

こうした状況のなかで、危機感を強めたメガバンクは2017年、本書のまえがきでも示したような行員の大リストラを発表。それぞれ目標の年度までにみずほFGが1万9000人、三井住友が4000人分の業務量削減、三菱UFJも9500人分の業務量を削減すると宣言し、一気に「銀行不要論」が噴出した。メガバンクはいずれも2019年の採用人数を大幅に抑制し、ITリテラシーの高い優秀な人材や、国際業務に対応できる外国人を採用するとしている。

なかでも「要リストラ銀行」であるみずほは「メガバンク脱落の危機」とまで書き立てられている。システム統合もいまだに完了しておらず、ライバルたちから周回遅れとなっている感がある。収益力の格差はメガバンクの間でも大きく広がっている。

リストラの標的にされる銀行マンとは

こうした話をすると、もう銀行に人も支店もいらないのかと悲観的な話になるが、そう単純な話でもない。現在の銀行が直面している状況をひとことで言うならば「これまでのようなスキルの銀行マン」「収益性に見合った働きがない銀行マン」はいらないということである。主体性や創造性はないが、ミスなく無難に調和して仕事をする銀行員的な「優秀さ」だけが持ち味という人材は、おそらくこの先、生き残ることはできない。

2018年3月期の記者会見で、MUFGの平野信行社長は「旧来の商業銀行型ビジネスモデルでは国内で成長を生むことはできない」と語り、みずほFGの坂井辰史社長も「金融機関を取り巻く事業環境は数十年に一度のパラダイムシフトに直面している」との認識を示している。

銀行にリテール業務がある限り「売り子」は必ず必要であり、これを完全にAI化させることはできない。ひと昔前、ATMが街のあちこちにできたとき、もはや銀行の窓口にいる人はいらなくなるといった議論もあったが、そうはならなかったのと同じである。やはり顧客のニーズや悩みを聞いて最適の商品を紹介したり、フォローするという仕事は人間にしかできない仕事である。

働き方改革による長時間労働の廃止によって、銀行の現場では法人や富裕層向けの営業マンが不足している。ただし低い報酬で働いてくれる売り子なら欲しいが、出世して高給

「メガバンク」すら安泰とは言い切れない時代に入った

を望む行員には、ＩＴの原理とフィンテックを理解できる能力を求める。それが銀行の本音である。

これからリストラのターゲットになるのは、給与がそれなりに高い40代半ば以上の行員だ。出世コースから外れた場合には45歳くらいになると、役職定年後の人生設計についての講習、いわゆる「たそがれ研修」が待っている。その後、50歳前後でグループ会社などへの出向となるが、それも受け入れ先が少なくなっており、仕方なく50代になっても「専任」などの役職で銀行内に残すかわり、年収は半分になり、退職金もカットされる仕組みが導入されている。いまや「出向させてもらえればまだいいほう」という銀行も少なくないのである。

駅前一等地から銀行の支店が消える

銀行の内部で進む改革は人的リストラばかりではない。メガバンクは支店の統廃合計画も発表している。銀行の支店と言えば、駅前の一等地に構えるのが定番だったが、コスト削減の一環でそうした常識も変わりつつある。

三井住友銀行は２０１７年、京王線の笹塚支店（東京・渋谷区）を駅から離れた住宅街に新設したほか、中野坂上支店（東京・中野区）をオフィスビルの11階に移転したことが話題になった。

こうした次世代型の個人客向け店舗の開発は各行取り組んでおり、従来の銀行のイメージを覆す象徴的取り組みと見られている。印鑑を不要にした電子サイン方式でペーパーレス化を導入している銀行もあるし、三菱ＵＦＪと三井住友は、ＡＴＭの手数料を相互に自動化する検討を始めている。同じ場所に2つのＡＴＭを置く必要性がなくなれば、互いのコスト削減になる。システムの問題さえクリアできれば、いずれメガバンクのＡＴＭが一本化される時代がやってくるのかもしれない。

銀行は変わっていく。極端な話、現在の銀行の機能が別の業態に取ってかわられるなら「銀行」という名前すらなくなるかもしれない。人間の経済活動が続く限り銀行機能は残るが、その仕事のかなりの部分が今後ＡＩに任されていくのであれば、その方向性に適応できる人間だけが「銀行員」として生き残ることになる。

人間が持つ企業、業界のイメージが変わるのには時間がかかる。激変の渦中にある銀行業界だが、いまだに高齢者層の間では「信用・信頼・安定」のイメージが根強いし、優秀だが保守的な学生たちは「とりあえずメガバンクはしばらく安泰で世間体もいいから」といった理由で銀行への就職を目指している。その実態と意識のギャップが消えるのはまだしばらくの時間がかかるだろう。

「塀の上」を歩いているような人生

かつて住友銀行のMOF担として活躍し、イトマン事件に深くかかわった國重惇史・元住友銀行取締役については本書でも何度か触れた。彼は私と同時代を生きた人間で、40年前からの知り合いである。

國重氏は著書『住友銀行秘史』のなかで四半世紀前のできごとを総括したうえで、「銀行員」という職業について「塀の上を歩いているようなものだった」と振り返っている。

銀行員とはどんな生き物か。

たとえばこんなことがあった。

磯田会長が全盛期のときのこと。会長室に呼ばれ、ノックをして「どうぞ」と言われても入らない。外でごほごほ咳をして、「いや、会長に風邪がうつるといけませんので」。

磯田会長が三社祭に行くとなれば、出張中でもはせ参じる。すべてをキャンセルして。

巽頭取と飯を食ったときのことだ。

「僕はヤクザ情報とかに強いんですよね」

そう言うと、こう返された。

「そんなのに強い人なんて、頭取になる必要ないんだよ」

そのとおりだ。

もし、銀行で頭取になりたいのならどうすればよかったのか。

それは何もしないことだ。減点主義の組織なのだから。

私はそんな振る舞いはしたくなかったし、できなかった。日々楽しく過ごしたかった。それだけだった。

今思えば、あのころの自分が一番理想に燃えていた。純粋で、まっすぐで、ひたむきだった。その後、いろいろな仕事をしたが、イトマン問題に真っ向から取り組んでいたときのような興奮は、残念ながら感じられなかった。私は、よく言えば、「大人」になってしまった。

私の銀行員人生とは、たとえてみると、塀の上を歩いているようなものだったと思う。

銀行員とはこういうものだという一つの規範があって、そのぎりぎり境界線にいる。あえてその道を行く。(『住友銀行秘史』より)

國重氏がこの本を書いた後、本人に話を聞いたことがある。なぜこの本を出したのか。銀行員の模範的な生き方からすれば、これらはすべて墓場まで持っていく話ではなかったのか——そのとき、彼は自身の残していた手帳の中身を歴史の記録として残すべきだと思い至った、いくつかの理由について語ってくれた。

同書の読みどころのひとつは、イトマン事件をめぐる住友銀行内のすさまじき権力闘争だが、それは銀行という組織の本質が「人事」のなかにあったことを雄弁に物語っている。それは言いかえれば、最後まで出世と肩書きを求めてしまう銀行マンの悲しい性でもある。

「何もしない」ことが銀行マンの美徳であった時代、國重氏はそれに抵抗し、仕事を楽しみたいと考え、最後は本も出した。その決断には拍手を送りたいが、コンプライアンス遵守の時代になって、もう彼のような体験をする銀行マンは出てこないだろう。

殺された「モラル」はもう戻らない

私が記者時代に取材してきた銀行員は、進む方向が決まっている世の中の時代に就職し、年功序列、終身雇用のなかで同質な集団が一丸となって目標に突き進む人たちだった。役所の意向、同業他社の出方をうかがいながら、前例を踏襲し、協調を乱さない。高度成長時代に強さを発揮した企業風土は銀行に深く根ざしていたが、それがバブル時代に大きな災いを招くことになった。

誰もが「おかしい」と感じながらも無謀な融資を続け、裏社会の人間たちにも食い込まれた。バブル崩壊後、古くからの慣習を断ち切れなかった銀行の経営者たちは退場し、銀行内部で「裏仕事」をこなすような担当者たちはいなくなった。しかし、それでも行員の雇用と待遇には本格的にメスを入れることはできず、経営統合後の融和もうまく進まないまま、組織の肥大が進んだ。

銀行とは、いわば究極のイメージ産業であって、働く行員たちが信用と安定というイメージを演出し、守ることによってそのビジネスモデルを維持してきた。しかし、もはやそれが幻想であることは、バブル崩壊後の20年ではっきりと証明された。

2018年、静岡県に本店を置くスルガ銀行の組織的な不正融資問題が表面化した。地銀の優等生と言われていたスルガ銀行がやっていたことは、預金通帳や契約書類の改ざんによるシェアハウス投資の融資で、行員たちは不正を認識しながら成績をあげるためにそれを黙認していた。

また同じ2018年7月、地方銀行のきらぼし銀行（八千代銀行、東京都民銀行、新銀行東京が合併し2018年5月に社名変更）の行員が、妻を殺害し遺体を実家に埋めるという事件が発生。しかもこの殺人事件のほぼ同時期、同銀行では行員が6億7900万円を横領し失踪するという不祥事も起きている。

銀行員の深刻なモラル低下が指摘された90年代の銀行不祥事を上回る重大な犯罪だが、もはや世間の側もこうしたことで驚かなくなっている。バブルの時代に一度殺された銀行員の「良心」は、いまだ復活していない。

不正まみれの内情が明るみに出たスルガ銀行

存在意義の喪失という「危機の本質」

2015年から3年間、金融庁長官をつとめた森信親氏は、銀行の頭取と会うと、しばしば「その金融商品を家族に勧められますか」と質問して銀行の体質を問い質した。回転売買が横行し、顧客に不利な状況を見かねての発言だが、これはすべての銀行マンに問いかけられるべき質問かもしれない。

自分の胸に手を当てて考えたとき、本当に誇れる仕事、恥ずかしくない仕事をしているのか——それが、現在の銀行が直面している危機の本質である。

産業構造が変わり、かつてのエリートが「構造不況業種」の住人となることはいつの時代にもあり得る。それは銀行とて例外ではない。

銀行員が「安全と信用の銀行」のイメージを守るために、今後も誰かを踏み台にして生き残ろうとするならば、イメージどころか銀行員も消え、装置としての銀行機能だけが残ることになるだろう。人材サービス大手のリクルートキャリアによると、転職を決めた銀行員の数は09年度を1とすると17年度は4・55と、全職種の2・64を大きく上回った。リストラされる銀行員よりも、人材の流出のほうが、銀行の将来にとってより大きな問題である。

みずほ銀行は２０１８年、「みずほらしくない人に会いたい」と表紙に打った冊子を就職活動中の学生に配布し話題になった。ＲＰＡ（ロボットによる単純事務作業の自動化）を進めるメガバンクが、ＡＩの知識を持つ人材や新しい収益ビジネスを創造できる人材を求めていると報じられているが、本当に必要なのは、銀行マンの正しいやりがい、仕事の喜びというものを再び構築することである。

私が尊敬した銀行家だった元三菱銀行頭取の伊夫伎一雄氏から、生前、こんな話を聞いたことがある。

まだ調査部長だった40代のころ、世話になった取引先の社長が「後を頼む」といって亡くなった。そこで伊夫伎氏は恩に報いるべく、辞表を書いて会社に出したところ、人事部が驚いて止めに入った。

ときは高度経済成長時代。銀行にとって幸せな時代だったが、それは職業としての銀行員が、社会のなかで使命を担うことができたからである。移り変わる時代のなかで、自身の存在意義はどこにあるのか――銀行員たちの模索はこれからも続く。

96
72
48

銀行マンの心得が説かれる「内定式」。戦後長らく続いてきた伝統はいま、内側から揺らぎ始めている

山田厚史（やまだ・あつし）
1948年東京都生まれ。同志社大学法学部卒業後、毎日放送ディレクターを経て1971年朝日新聞社入社。経済部で大蔵省、日本銀行、金融業界、自動車業界などを取材。その後ロンドン特派員、ハーバード大学ニーマンフェロー、経済担当編集委員を経て2009年退社。著書に『銀行はどうなる』(岩波ブックレット)、『前川喜平「官」を語る』（前川喜平氏との共著、宝島社）ほか。

銀行員が消える日

2018年10月25日　第1刷発行

著　者　山田厚史
発行人　蓮見清一
発行所　株式会社宝島社
〒102-8388
東京都千代田区一番町25番地
電話（営業）03-3234-4621
（編集）03-3239-0646
http://tkj.jp

印刷・製本　サンケイ総合印刷株式会社

ISBN978-4-8002-8435-8